教育部人文社会科学研究规划基金项目『中国积极就业政策「撇脂效应」机理、评估与治理研究』（项目编号：20YJAZH056）、湖北省高等学校哲学社会科学研究重大项目『实现更加充分更高质量就业的积极就业政策评估与优化研究』（项目编号：22ZD020）、中南财经政法大学中央高校基本科研业务费专项资金（2722024EZ013）资助

中国积极就业政策『撇脂效应』机理、评估与治理研究

李锐　罗小玲　刘青华　贾敏雪　汪宏毅　熊晓涵　吴菁　著

WUHAN UNIVERSITY PRESS
武汉大学出版社

图书在版编目(CIP)数据

中国积极就业政策"撇脂效应"机理、评估与治理研究/李锐等著．—武汉：武汉大学出版社，2024.7(2024.12 重印)
ISBN 978-7-307-24099-5

Ⅰ.中…　Ⅱ.李…　Ⅲ. 就业政策—研究—中国　Ⅳ.F429.20

中国国家版本馆 CIP 数据核字(2023)第 208209 号

责任编辑：韩秋婷　　责任校对：汪欣怡　　版式设计：马　佳

出版发行：**武汉大学出版社**　(430072　武昌　珞珈山)
(电子邮箱：cbs22@ whu.edu.cn 网址：www.wdp.com.cn)
印刷：武汉邮科印务有限公司
开本：720×1000　1/16　印张：12.25　字数：206 千字　插页：1
版次：2024 年 7 月第 1 版　　2024 年 12 月第 2 次印刷
ISBN 978-7-307-24099-5　　定价：49.00 元

前　言

我国城镇登记失业率从2015年开始呈现下降趋势，到2019年失业率降低至3.6%，但是受新冠疫情影响，2019年之后的失业率再次回升到4.1%左右。为扩大就业容量，提升就业质量，缓解结构性就业矛盾，“十四五”规划中提出要实施就业优先战略，健全就业目标责任考核机制和就业影响评估机制。二十大报告中进一步指出，要强化就业优先政策，健全就业促进机制，促进高质量充分就业，以增进民生福祉，提高人民生活品质。积极就业政策是就业优先政策的核心，自2002年实施以来，受益群体不断扩大，项目种类日益丰富，政府资金投入逐年增加，这也体现了政府对促进就业的高度重视。为了更好地激励地方政府实施积极就业政策，中央出台了一系列考核积极就业政策实施情况的文件。人社部发〔2011〕103号文中强调要将资金分配与绩效挂钩；财社〔2012〕17号文中将就业数量等绝对量指标作为考核指标。地方政府作为中央政府实施积极就业政策的代理人，在政策实施过程中很可能根据其自身利益最大化选择政策参与者。这导致使地方政府自身利益最大化的个体是那些政策结果①较好的参与者，但是这些人不一定是最需要该政策的人，也不一定是政策效果②较好的人。

如果地方政府忽略最需要或者政策效果最好的人而选择最有利于其实现利益最大化的参与者，则可能导致最需要和政策效果最好的群体不能参加，背离政策

① 本书中所指的“政策结果”，即个人在享受积极就业政策之后的状态，比如，在享受积极就业政策之后的收入。

② 本书中所指的“政策效果”，即个人在享受积极就业政策之前和之后两种状态的差异。比如，在享受积极就业政策之前和之后的收入之差，衡量的是积极就业政策给个体带来的状态变化。

制定者更高质量和更充分就业的初衷，降低积极就业政策的实施效率。因此，研究我国积极就业政策实施中撇脂效应的发生机理，评估撇脂效应的存在性及其影响，以及为政策制定者提供促进积极就业政策效率地实施的方案具有重要现实意义。那么，我国积极就业政策实施中撇脂效应发生的机理是什么？如何科学合理地建构积极就业政策实施中的撇脂效应的评估方法？在积极就业政策实施过程中，政策执行者如何选择参与者，积极就业政策中的哪些项目在实施过程中存在撇脂效应？不同地区是否存在差异？如何更好地治理"撇脂效应"？如果积极就业政策预算资金增加，如何使资金使用效率最大化？如何筛选扩面中的参与者？本书通过研究主要对以上问题进行解答。

本书的研究目标是探究我国积极就业政策实施中撇脂效应的发生机理、评估和治理，进而为优化我国积极就业政策的实施提供参考。在此基础上，本书的逻辑顺序如下：第一，选题依据，主要是对研究问题进行阐述，对已有相关研究进行梳理；第二，撇脂效应发生机理研究，结合委托代理模型、两期效用选择模型等，从理论上探究撇脂效应发生机理；第三，撇脂效应及其影响评估，使用微观调查数据和反事实框架测度撇脂效应在不同项目、不同地区的存在程度，并探究撇脂效应对政策效果的影响；第四，撇脂效应治理研究，主要估计参与积极就业项目对失业者收入的边际效应和平均影响，并预测在扩大政策规模后最有可能受益的失业者类型。

通过理论与实证分析，本书得到以下主要结论：第一，积极就业政策中不同项目的参与者特征、撇脂效应与项目效果存在差异；第二，积极就业政策的参与者选择、撇脂效应及项目效果存在区域异质性；第三，积极就业政策中不同项目的撇脂效应对收入流动性和收入不平等会产生不同程度的影响；第四，积极就业政策规模扩大并倾向于低资源禀赋失业者将会获得更高的收益预期；第五，积极就业政策的实施会对就业信心产生显著的影响，但是影响的方向和程度会随项目的不同而有差异。

对此，本书提出以下政策建议：一是针对不同项目，选择合适的项目参与者，以缓解撇脂效应和提高项目效率；二是积极就业政策在帮助低收入者方面和政策效果目标相矛盾时，应根据当地的实际情况制定符合发展要求的具体方向；三是鼓励更多收入水平较低的人群进入预期收入更好的积极就业项目；四是重视积极就业政策在宏观经济环境下对就业以及就业信心的促进效果；五是增强职业培训项目的宣传与推广，在培训期间对相关家庭提供经济补贴，以及提高职业培训项目预算资金。

本书的创新之处体现在：第一，使用边际处理效应方法估计了积极就业政策的个体异质性回报；第二，使用 Box-Cox 变换解决了弱工具变量问题；第三，丰富了我国积极就业政策实施中的撇脂效应和该政策实施效果在不同项目间的对比研究；第四，弥补了我国积极就业政策实施中的撇脂效应和该政策实施效果在不同区域的对比研究；第五，将积极就业政策的影响拓展至撇脂效应对参与者收入不平等的影响；第六，弥补了以往研究过多追求客观绩效目标而忽视主观绩效目标，主体效用函数仅考虑客观绩效指标的不足；第七，对扩大积极就业政策覆盖面中最有可能受益的参与者类型进行了预测。

本书的第一章由李锐、罗小玲、刘青华和贾敏雪完成，第二章由李锐、吴菁完成，第三章由李锐、罗小玲、汪宏毅和刘青华完成，第四章和第五章由李锐和罗小玲完成，第六章由李锐、罗小玲和汪宏毅完成，第七章由李锐和熊晓涵完成，第八章由李锐、汪宏毅完成，第九章由李锐、罗小玲、刘青华和贾敏雪完成。此外，吕苗苗、张帅帅和陈哲等人都为本书的出版付出了巨大的努力。本书是在系列研究论文的基础上修改完善而成的，在成书过程中进行了大量逻辑与内容上的调整与充实。本书的主要责任由作者承担。

目　　录

第一章 绪　论

第一节 研究背景与研究意义

一、研究背景与问题提出

在复杂多变的国内外政治经济环境下，确保就业稳定是当前和今后一段时期的一项重大任务。2019年国务院《政府工作报告》首次将就业优先政策与财政政策、货币政策并列置于宏观政策层面，这意味着积极就业政策执行力度将进一步加强。国务院2019年印发的《关于进一步做好稳就业工作的意见》提出，要重点做到大规模开展职业技能培训，鼓励创业带动就业，提供全方位就业服务。二十大报告中也提出要强化就业优先政策，健全就业促进机制，促进高质量充分就业，以增进民生福祉，提高人民生活品质。2023年《政府工作报告》中指出，稳就业是接下来一年的主要工作之一。

自2002年以来，积极就业政策对象从最初的国有企业下岗失业人员，逐步延伸到其他失业人员；项目种类不断增多，主要包括职业介绍、职业培训、小额担保贷款、社会保险补贴和公益性岗位等；资金投入不断加大，2022年中央财政就业补助资金达617.58亿元，比上年增加了9个百分点。为激励地方政府更好地落实积极就业政策，人力资源和社会保障部、财政部、国务院(财社〔2012〕17号、财社〔2018〕52号、国发〔2021〕14号)进一步强调要以结果绩效为导向分配专项资金，加强对就业政策实施效果的跟踪调查评估；加强对政策实施情况及效果的评估，推进以评估为依据的政策改进，及时总结推广政策实施中的好经验、好做法。但仅强调结果绩效可能造成撇脂效应(Cream-Skimming)。具体表现为政策执行者(地方政府)在政策实施过程中，为追求自身利益最大化而选择政策结果而非政策效果最好的个体参与项目(Heckman 等，2011；李锐等，2018；Siverbo 等，2019)。这进一步导致政策效果最好的群体不能参加项目，从而背离政策制定者更高质量和更充分就业的初衷，降低积极就业政策的实施效率。

本书将着重解决以下几个方面的理论与现实问题：积极就业政策实施中撇脂效应发生的驱动因素是什么？如何使用科学合理的评估方法对积极就业政策实施中的撇脂效应进行识别？积极就业政策实施中政策执行者和政策需求者的选择有何不同？不同积极就业政策项目实施中的撇脂效应是否存在差异？积极就业政策实施中的撇脂效应是否存在区域异质性？治理积极就业政策实施过程中的撇脂效应的有效措施是什么？如果积极就业政策要进行扩面，如何筛选参与者从而使资金使用效率最大化？

为回答以上问题，首先，本书结合委托代理模型和两期效用模型，分析地方政府作为代理人为什么可能对参与者进行选择，进而产生撇脂效应。其次，研究积极就业政策在不同项目、不同地区的撇脂效应及其对政策效果的影响，讨论积极就业政策的撇脂效应在促进收入流动性和减小收入差距上的效果，以及分析积极就业政策对参与者主观就业信心的影响。再次，模拟预测出在积极就业政策扩面中最有可能受益的失业者类型。最后，基于研究结论，提出治理和缓解撇脂效应以达到提高政策效果的政策建议。

二、研究意义

(一)理论意义

第一，本书在考虑异质性效果的基础上建立了积极就业政策中测度撇脂效应的反事实分析框架。撇脂效应测度的难点在于要考虑政策效果的个体异质性(Altonji 等，2020)，本书基于边际处理效应(Marginal Treatment Effect，MTE)方法测度地方政府在实施积极就业政策时产生的撇脂效应。

第二，本书从撇脂效应角度分析了影响政策效果的因素。已有研究往往直接分析积极就业政策对就业、收入等政策效果的影响(Lammers 和 Kok，2021；

Chatri 等，2021；Burger 等，2022），而忽略了对影响政策效果的原因研究。

第三，本书提出了一种解决弱工具变量的方法。本书认为弱工具变量存在的可能性在于工具变量与内生变量是非线性相关的，所以可以考虑对工具变量形式进行 Box-Cox 变换，使得二者不再是线性关系，从而为内生变量寻找到合适的工具变量。

（二）现实意义

第一，有利于为优化我国积极就业政策中的稳就业机制提供依据。本书将关注点置于政策实施过程中的撇脂效应。当前我国强调“坚持积极就业政策，强调要以结果绩效为导向分配专项资金”，但仅强调结果绩效可能造成撇脂效应，严重背离提高积极就业政策实施效率及效果的初衷。

第二，有利于为未来积极就业政策实施过程中的优化治理提供方向。本书对当前积极就业政策中不同项目和不同地区的状况进行评估，研究结论有利于回答“积极就业政策实施过程中政策执行者与政策需求者如何进行选择？哪些就业项目选择过程中存在撇脂效应？如何更好地治理撇脂效应？”等政府亟待解决的问题，并给出优化治理建议。

第三，有利于从缓解撇脂效应方面提高我国积极就业政策实施效率。本书不仅测度了撇脂效应及其对政策效果的影响，也使用反事实框架分析了在不同选择机制下的政策效果，并预测了如果扩大积极就业政策的覆盖面，最有可能受益的失业者类型。

第二节　研究方法与研究数据

一、研究方法

本书从多视角多层次地开展系统性研究，强调假设前提的现实相关性和研究结论的可证伪性，遵循理论研究与实证研究相结合、定性分析与定量分析相结合、制度研究与政策分析相结合的原则，突出撇脂效应评估在研究中的重要性。

本书主要研究方法如下：

理论部分使用委托代理理论、两期效用选择模型以及最佳分配方式与目标定位系统，研究撇脂效应的发生机理。首先，根据委托代理模型，将中央政府和地方政府分别代入委托人和代理人位置，分析二者在政策实施过程中想要获得的最大化收益，探究二者的目标是否存在差异并分析其中的原因。其次，使用两期效用选择模型分析地方政府在实施积极就业政策时的效用受到哪些因素的影响，通过在效用函数中引入考核标准、奖惩机制以及个人禀赋，进一步探究地方政府在实施政策时产生撇脂效应的可能性。最后，通过最佳分配与目标定位系统分析在进一步扩大的积极就业政策中应该如何选择最合适的参与者。

实证部分的研究方法主要包括五种。一是借鉴 Heckman 等(2006)、Brinch 等(2017)、Kowalski(2016)和 Gong 等(2020)的 MTE 方法估计每个个体的反事实项目结果①和项目效果②，同时充分考虑项目效果的个体异质性。二是基于 MTE 的反事实估计结果，通过检验个体参加项目的概率和项目结果的相关性衡量撇脂效应的方向和严重程度。三是为了检验政府选择对政策效果的影响，使用 Bootstrap 方法模拟地方政府在多种选择机制下的政策效果。四是结合基于选择方程与回归方程扰动项之间是否服从二变量联合正态分布(BIVN)假设的评估方法，从失业者就业信心角度对积极就业政策有效性进行评估。五是基于 Zhou 和 Xie(2019a，2019b)重新定义的 MTE 分析框架，研究参与职业培训项目对失业者收入对数带来的边际收益和平均收益，预测在政策规模扩大期间受益最大的边缘进入者。

二、研究数据

(一)世界银行调查数据

本书使用的微观数据来源于 2008 年世界银行关于我国积极就业项目的抽样

---

①　本书中所指的“项目结果”，即个人在参加积极就业政策中某一特定项目或某一特定类型项目之后的状态。比如，在参加某一项目后的收入。

②　本书中所指的“项目效果”，即个人在参加积极就业政策中某一特定项目或某一特定类型项目之前和之后两种状态的差异。比如，在参加某一项目之前和之后的收入之差，衡量的是项目给参与者带来的状态变化。

调查，采用多阶段分层抽样及系统抽样，抽样对象为参加积极就业项目的全体人员。该调查覆盖了河南省、新疆维吾尔自治区、安徽省、云南省、山东省、湖北省、陕西省、江苏省和黑龙江省 9 省(自治区)27 市。经过筛选后符合本书研究的样本为 6705 个，该数据包含性别、收入水平、项目参与类别、受教育水平、健康状况、工作经验、工作单位所在地、家庭规模、家庭负担等个体、家庭层面特征变量。

(二)省市(自治区)统计年鉴及地方财政调查数据

各省市(自治区)统计年鉴是系统收录各省、自治区、直辖市经济和社会各方面的统计数据，以全面反映各省市(自治区)经济和社会发展情况的资料性年刊。本书将各省市(自治区)统计年鉴数据作为研究样本，该样本包含失业率、GDP 增长率等宏观特征变量。本书还使用了地方财政调查数据，该数据包含就业支出资金对数增长率(以下简称就业资金增长率)等宏观特征变量。

第三节　研究思路与研究内容

一、研究思路

本书围绕中国积极就业政策实施中撇脂效应发生机理、评估与治理，采用“历史总结→理论分析→政策评估→政策建议”的总体思路展开研究。

首先，以积极就业政策的目标为起点，在研究积极就业政策的评估方法和政策影响的基础上提出积极就业政策实施过程中可能存在的撇脂效应问题，基于委托代理框架分析撇脂效应带来的政策效果影响，由此引出撇脂效应测度和治理的现实需要。其次，结合委托代理模型和两期效用选择模型，从理论上分析为什么积极就业政策在实施过程中会存在撇脂效应，以明晰撇脂效应的发生机理。再次，使用 2008 年世界银行覆盖我国 9 省(自治区)27 市、针对我国积极就业政策中五个项目(职业介绍、职业培训、小额担保贷款、社会保险补贴和公益性岗位)的调查数据，构建合理的评估模型，评估不同项目和不同区域的撇脂效应及其对政策效果(参与者收入增加、收入流动性、就业信心)的影响，以及探究如果增加该政策的财政支出，如何更高效率地使用这笔资金，即如何在扩大积极就业政策覆盖面的过程中选择最佳的政策参与者。最后，以通过治理撇脂效应来提高积极就业政策的实施效果为目标，归纳积极就业政策中撇脂效应在不同项目和不同区域的差异及其影响，解释不同项目和不同区域存在差异的原因，从撇脂效应的治理方面为实现更高质量和更充分就业提出合理的政策建议。

二、研究内容

本书的研究内容主要包括以下几个部分：

第一章是绪论，包括研究背景与问题、研究意义、研究方法、研究数据、研究思路、研究内容，以及研究的创新点。

第二章是文献综述，包括积极就业政策及其效果概述，积极劳动力市场评估方法概述，积极就业政策主要评估方法与不足，以及积极就业政策中撇脂效应相关研究概述。

第三章是对积极就业政策实施中撇脂效应的发生机理进行理论分析。首先对相关概念进行界定。其次结合委托代理理论、两期效用选择模型，以及最佳分配方式与目标定位系统，分析地方政府对参与者进行选择的行为，探究选择行为发生的原因，以及在扩面的积极就业项目中如何对参与者进行分配，从而实现整体绩效的最大化和政策效果的最优化。

第四章是积极就业政策中不同项目的政府选择与撇脂效应研究。本章旨在探究中国积极就业政策实施过程中地方政府选择项目参与者的行为，不同项目在选择参与者时的差异以及产生差异的原因。通过构建反事实框架，对政策实施强度作 Box-Cox 变换以构造工具变量，测度积极就业政策实施过程中的职业培训、小额担保贷款、社会保险补贴和公益性岗位项目的撇脂效应，并对项目效果进行研究。

第五章是积极就业政策中不同区域的政府选择与撇脂效应研究。本章主要研究我国东部、中部和西部地区的地方政府在积极就业政策实施过程中对参与者的选择行为差异和撇脂效应差异，进一步分析撇脂效应对项目效果的影响程度。通过构建反事实框架，评估东部、中部和西部地区的撇脂效应及项目效果，并模拟使用随机选择机制选择参与者之后的整体政策效果变化，据此提出以提高政策效果为目标的撇脂效应治理策略。

第六章是积极就业政策中的政府选择、收入流动性与不平等研究。本章主要讨论积极就业政策在实施过程中存在的撇脂效应如何阻碍积极就业政策在提高就业质量、促进收入流动性和减小收入差距方面的效果。首先测度积极就业项目的撇脂效应，以及参与项目前后收入流动性与收入不平等的变化。其次讨论在随机选择机制和效果最优选择机制下，个体参与项目前后的收入流动性与收入不平等状况的变化。

第七章是积极就业政策对就业信心的影响研究。本章主要探究哪些因素影响失业者就业信心及相应的影响机制，分析积极就业政策中哪些项目能有效提高失业者就业信心，哪些项目还需要完善。本章构建了就业信心经济结构模型，为避免“选择性偏误”，分别采用基于因子结构下的选择方程与回归方程扰动项之间是否服从二变量联合正态分布假设的两种评估模型进行实证研究。

第八章是基于职业培训项目视角，研究积极就业政策扩面过程中的目标群体选择。本章探究在扩大积极就业政策规模的过程中，如何筛选参与者以实现积极就业政策预算资金使用效率最大化，并估计积极就业政策扩面后的实施效果。利用重新定义的 MTE 分析框架，估计积极就业项目对参与者收入的边际影响和平均影响，并预测积极就业政策规模扩大中最可能受益的人群特征。

第九章是结论与政策建议。本章主要是对研究结论进行梳理，针对研究结论和发现的问题，提出相应的政策建议。

整体研究路线如图 1-1 所示。

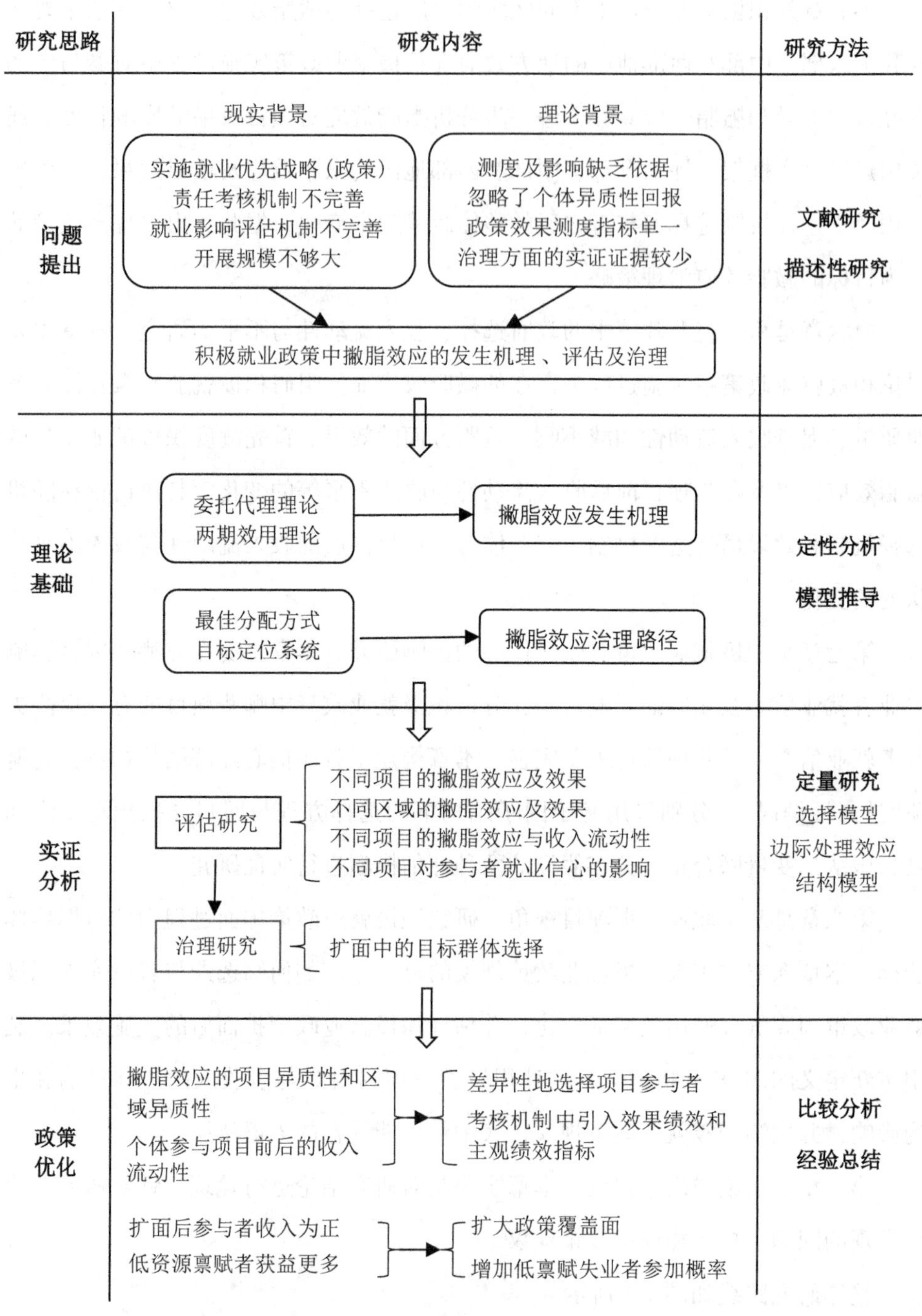
研究思路
研究内容
研究方法
现实背景
理论背景
实施就业优先战略（政策）
责任考核机制不完善
就业影响评估机制不完善
开展规模不够大
测度及影响缺乏依据
忽略了个体异质性回报
政策效果测度指标单一
治理方面的实证证据较少
问题
提出
文献研究
描述性研究
积极就业政策中撇脂效应的发生机理、评估及治理
委托代理理论
两期效用理论
撇脂效应发生机理
理论
基础
定性分析
模型推导
最佳分配方式
目标定位系统
撇脂效应治理路径
评估研究
不同项目的撇脂效应及效果
不同区域的撇脂效应及效果
不同项目的撇脂效应与收入流动性
不同项目对参与者就业信心的影响
实证
分析
定量研究
选择模型
边际处理效应
结构模型
治理研究
扩面中的目标群体选择
撇脂效应的项目异质性和区域异质性
个体参与项目前后的收入流动性
差异性地选择项目参与者
考核机制中引入效果绩效和主观绩效指标
政策
优化
比较分析
经验总结
扩面后参与者收入为正
低资源禀赋者获益更多
扩大政策覆盖面
增加低禀赋失业者参加概率

图 1-1　整体研究路线图

第四节　本书的创新点

一、使用 MTE 方法估计了积极就业政策的异质性回报

为解决积极就业政策回报率的异质性问题，Heckman 和 Vytlacil(2005)，Heckman(2010)提出了 MTE 方法，本书借鉴该方法对中国积极就业政策在不同人群中的异质性回报进行测算。目前应用 MTE 方法的文献非常有限：王海港(2009)利用广东省的调查数据对职业培训项目的收入回报效果进行了估计；Frölich 和 Lechner(2010，2015)使用该方法估计了瑞士积极就业政策对项目参与者后续就业和收入的影响；刘生龙和郑世林(2019)使用中国综合社会调查数据估计了大学教育的异质性回报。从搜集到的文献来看，仅有王海港(2009)的研究利用中国的数据并使用 MTE 方法对积极就业政策不可观测的异质性回报进行了估计，但是该研究样本量较小，涉及区域有限。

二、使用 Box-Cox 变换解决了弱工具变量问题

本书的第四章、第五章对政策实施强度的原始数据取对数并将其作为工具变量，理论上看，该工具变量在一定程度上满足相关性和外生性的条件。Frölich 和 Lechner(2010)将积极劳动力市场政策实施强度作为工具变量，研究了积极劳动力市场政策对后续就业和收入的影响。但是在实证检验中发现，工具变量与内生解释变量的线性相关性不够，原因可能是二者的相关性不是线性的，考虑对变量形式进行转换以更好地拟合它们的相关性。本书对工具变量进行 Box-Cox 变换，构造出一个新的工具变量，这个新的工具变量与内生解释变量显著相关。

三、丰富了我国积极就业政策中不同项目间的对比研究

之前针对我国积极就业政策的研究往往只对某一项目进行评估，忽略了不同项目间的对比研究。比如，Bidani 等(2009)只研究了职业培训项目对就业概率的影响。陈耀波(2009)只研究了农村劳动力培训项目对收入及收入之外的影响。吴晓琪(2010)则没有区分积极就业项目，而是探究了失业者参加积极就业项目对其

再就业的影响。孙若梅(2008)只研究了小额信贷项目对部分家庭收入的影响。王海港等(2009)只探究了职业培训项目对部分村民收入的影响。鉴于此，本书第四章对多个项目的撇脂效应和政策效果进行评估，丰富了相关研究内容。

四、弥补了我国积极就业政策在不同区域间的对比研究

关于我国积极就业政策的现有研究存在样本量不足和调查覆盖面不够广等问题，该问题也导致已有研究没有涉及区域异质性(王海港等，2009；陈耀波，2009；Bidani 等，2009)。本书第五章使用的是世界银行针对中国积极就业政策的调查数据，覆盖地区包含东、中、西部地区以及发达、中等、落后城市，涉及9省(自治区)27市，并对政策实施中的区域差异问题进行研究。虽然该调查数据的年份相对较早，但是相对于其他数据，该数据涉及范围较广、数据量较大，具有较好的代表性。

五、拓展了积极就业政策在收入流动性和收入不平等方面的影响研究

积极就业政策是缓解收入不平等的手段之一，受到数据和方法等的限制，探究其在收入流动性及收入不平等方面的影响的实证研究非常有限。具体表现为，现有文献没有深入探究积极就业政策对收入流动性及收入不平等的影响，例如该政策实施过程中的选择行为可能影响政策效果。本书结合撇脂效应评估个体参与不同项目后的收入流动性，考察项目是否为劳动力市场上处于劣势的劳动者打通了上升通道，是否实现了促进收入流动、缩小收入差距的目的。同时，通过构造不同选择机制下的反事实框架，研究政府选择机制的影响程度，有助于避免项目中撇脂效应造成的机会不平等，为完善政府选择机制设计、促进收入流动性提供了方向。

六、增添了积极就业政策评估的主观绩效视角

评估积极就业政策不能仅关注客观经济结果，这会导致为完全追求经济效益，而使积极就业政策的效果得不到充分发挥。积极就业政策制定的初衷是提升失业群体的劳动技能、培养其就业与创业所需的知识等，使失业群体成功就业，从而缩小社会贫富差距。以往研究的指标大多单一且以客观绩效指标为主，缺乏

对就业信心等主观指标和综合指标的考察，不符合积极就业政策制定的初衷，尤其是对政策效果的评价可能比较片面。就业信心作为失业群体主动走向劳动力市场、积极争取就业机会的原动力，能长远地使失业群体自觉摆脱“福利依赖”，从而促进经济的良性循环发展。失业者的就业信心的变化既能够反映积极就业政策带来的长远的客观经济结果，又广泛涵盖了安全感、满意度、自尊等方面的主观福利结果。基于此，本书第七章从失业群体的就业信心角度进行评估并提出建议。

七、预测了积极就业政策扩面中最有可能受益的人群

尽管政府高度重视积极就业政策的考评与落实，但是有关积极就业政策的文献指出：积极就业政策制定机制的缺乏、政策目标和针对群体的不明晰、公共就业人才服务机构人员及经费的不足、相关政策投入机制的不明确，以及相关市场机制的不规范是导致积极就业政策实施效果不佳、政策受惠面有限的部分原因。目前较少有文献关注积极就业政策扩大规模的方法和扩大规模过程中需要重点关注的失业者类型。本书第八章基于职业培训项目的视角，讨论了失业者的个体特征和未观察到的因素（如参与项目的动机）对参与积极就业项目边际效益的异质性影响，估计了参与积极就业项目对失业者收入对数的边际影响和平均影响，并预测了在政策扩面中最有可能受益的人群。

第二章 文献综述

第一节 积极就业政策及其效果概述

积极就业政策，又称积极劳动力市场政策(Active Labor Market Policies，简称ALMPs)，是指政府为了帮助劳动力市场上处于劣势的劳动者，为提升其就业能力或直接为其提供就业机会所采取的有目的、有选择性地干预劳动力市场的直接或间接措施(Nordlund，2011)。

与积极就业政策对应的是传统的消极就业政策(negative labor market policies)，其主要以保障失业者失业期间的基本生活水平为目标。大量研究表明，针对失业者若仅采用消极就业政策，比如中国的失业保险、城市居民最低生活保障费、国有企业下岗职工基本生活保障补助和OECD国家的失业救济(unemployment benefits)等政策(Handler，2009)，可能会削弱劳动者就业意愿，甚至出现“养懒汉”的不良现象，这会极大地加重政府财政负担。为促进失业者就业并提高其就业质量，国内外相关政府部门针对消极就业政策的弱点，逐渐把降低失业率、实现充分就业和保障失业者失业期间的基本生活水平一并作为就业政策的重要目标，制定了如职业培训、职业介绍、就业补贴、小额担保贷款、创业支持计划等新的就业政策。这些政策极大地提高了劳动力市场的效率，并大幅改善了失业率居高不下的状况，因此，这些新政策统一称为积极就业政策。积极就业政策大致分为以下三种类型：其一，旨在提高失业者的劳动生产力，以职业培训(training)为代表；其二，旨在为失业者提供咨询和监督服务，以职业介绍(job search assistance)为代表；其三，旨在帮助劳动力市场需求方，为劳动者直接提供公共岗位或者直接针对企业进行补贴，以公益性岗位和就业补贴(subsidized jobs)为代表(Crépon 和 Van Den Berg，2016)。

近年来，世界各地政府为促进就业，实施了许多积极的就业政策。具体而言，美国政府在过去几十年中实施了大量的就业政策，其中包括就业补贴、职业培训、就业中介等。研究表明，美国政府实施的“就业机会计划”显著地提高了低收入家庭的就业率(Schoeni 和 Blank，2000)。积极就业政策的实施，成功地将美国的就业率从 20 世纪 70 年代的低谷中拉出来(Topel，1999)。欧洲的就业政策主要集中在减少结构性失业方面。欧洲各国政府通过实施职业培训、就业服务、就业补贴等政策，成功地减少了失业率，并提高了就业质量(OECD，2019)。其中，德国的“工作机会——不安全性及失业风险减少”计划可以显著地增加长期失业人员的就业机会(Hofmann 和 Müller，2018)。研究表明，德国 1998—2009 年的就业政策对于减少失业人数和提高就业率具有显著作用(Riphahn，Thalmaier 和 Zimmermann，2013)，且不同类型的政策对不同群体的就业效果存在差异。研究发现，法国 2004—2008 年的就业政策对于增加长期失业者的就业机会和收入有积极作用(Behaghel 和 Crépon，2013)，政策效果可能受到宏观经济环境和劳动力市场结构等因素的影响。亚洲国家的就业政策主要集中在增加就业机会和提高就业质量方面。例如，中国政府通过扶持中小企业、提高职业培训质量等多种政策手段，成功地增加了就业机会，减少了失业率(OECD，2019)。日本政府通过提高劳动力市场的灵活性，成功地将失业率降至历史最低水平(Pekkala Kerr 和 Kerr，2018)。总体来说，各国积极就业政策的实施情况和效果存在巨大差异，这取决于不同国家或地区的劳动力市场结构、宏观经济环境和政策的设计与实施等多种因素。对于政策制定者来说，需要根据本国的实际情况，制定符合本国国情的就业政策，以最大程度地实现就业促进效果。

综上所述，各国政府在促进就业方面使用了不同的政策工具，并取得了一定的成功。然而，就业政策的实施情况和效果也存在差异，需要在具体情境中进行评估和优化。

国内外关于积极就业政策影响效果的相关研究主要包括两个方面：一是将积极就业政策作为一个整体，分析其影响效果；二是针对积极就业政策分项目分析其影响效果(Nordlund，2011)。

相对而言，整体研究的针对性不强，但却可以让我们对积极就业政策效果有一个整体的把握。积极就业政策整体效果的相关研究主要从是否提高整体就业水平和降低税收两个方面来进行。

一是提高整体就业水平方面的效果。赖德胜等(2009)发现，积极就业政策支出对下岗失业人员再就业存在促进作用，积极就业政策支出每增加1%会导致下岗失业人员的再就业数量增加0.27%。受到积极就业政策设计、个体异质性以及评估方法等方面的影响，关于积极就业政策在提高整体就业水平方面的效果研究并未达成一致结论(Nordlund，Bonfanti 和 Strandh，2015)。OECD(2017)对36个成员国进行研究后发现，积极就业政策的实施对于就业率的提高具有显著的正向影响。其中，职业培训和技能提升类政策的效果最为显著。Yilmaz 和 Yilmaz(2018)认为积极就业政策对于提高就业水平具有积极的影响，但该影响因政策类型和实施方式而异。例如，培训和教育类政策的效果更好，而直接的经济刺激措施的效果则相对较弱。Davis、Haltiwanger 和 Schuh(1996)认为积极就业政策对于整体就业水平的提高效果有限，政府通过创造就业机会的方式来提高整体就业水平的效果并不明显。Boeri 和 Jimeno(2015)研究指出，虽然积极就业政策能够缓解失业和劳动力流动性等问题，但是在低增长和不确定的宏观经济环境下，很难对整体就业水平产生显著的影响。二是降低税收方面的效果。政府在个人所得税项目上的税收收入会因实施积极就业政策而增加，从而抵消其在积极就业政策上的支出成本，但当税收收入增加幅度小于政策支出成本时，会加重财政负担，迫使政府提高税率并造成税收反弹(Eissa 和 Liebman，1996)。针对欧盟国家的研究发现，实施积极就业政策可以提高就业率，但也会增加政府的财政负担，进而导致政府税收收入下降(Eichhorst 等，2011)。Engemann 和 Wall(2009)认为积极就业政策(例如减税和提供就业培训)可以促进经济增长，从而提高政府税收收入。值得一提的是，政策实施的总体效果存在国别差异，相同的政策可能因为实施国家或地区文化和制度的差异而产生截然不同的效果(Michalopoulos，Robins 和 Card，2005)。积极就业政策在部分国家或地区产生了较强的正向效果，但对其他区域而言，这些政策不但没有效果，甚至还可能存在负面效应(Heckman，LaLonde 和 Smith，1999)。积极就业政策对于政府税收的影响可能存在不同渠道。例如，政府的积极就业政策可能会降低社会福利开支，从而减少政府财政支出，进而提高税收收入(Calmfors 等，2002)。同时，政府的积极就业政策也可能会提高劳动力市场的效率，从而促进企业的生产和创新，进而促进经济增长和提高税收收入(Jaumotte 和 Buitron，2015)。换言之，积极就业政策对政府税收的影响并不是一致的，它受到具体政策设计、实施方式、经济结构等因素的影响。因此，在实施积极就业政策时，政府需要综合考虑就业水平和财政负担之间的平衡。

关于积极就业政策分项目的影响效果分析，具体项目主要包括职业培训、职业介绍、就业补贴三种。分项目对积极就业政策影响效果进行分析可以让我们对各种积极就业政策项目的认识更加深入，也便于在多项目中更好地选择合适的项目及其组合。

对于职业培训，虽然从长期来看具有提高参与者生产力和就业质量、增加参与者收入、降低犯罪率等效果(Schochet，Burghardt 和 McConnell，2006)，但耗时长、见效慢，且短期内还可能对参与者产生消极影响。例如，在培训期间，参与者有限的时间资源被消耗在培训中，无法外出寻找工作，存在较高的时间机会成本，从而会产生锁定效应(Van den Berg 和 Vikström，2014)。Hirshleifer 等(2016)对土耳其某培训项目进行研究后发现，项目实施三年之后，其效果才开始显现。Card 等(2015)认为，短期内培训的效果极其微弱，甚至还可能存在消极影响，但从长期来看，政策效果逐渐增强并趋于稳定。此外，学者们还发现，项目实施期、培训方式、参与者性别等因素均会影响职业培训效果。例如，项目实施期越长，培训效果持续得越久；采用班级授课方式的培训效果明显优于在职培训方式；女性在培训项目中的收获明显高于男性(Lechner 和 Wunsch，2009)。需要注意的是，职业培训项目的效果也会受到地区和行业的影响。在技术密集型及服务型行业，职业培训项目的效果可能更加明显(Caliendo 和 Künn，2011；Kluve 等，2017)。此外，职业培训项目的效果可能取决于不同的情境和群体。加拿大的职业培训项目对于 50 岁以上的失业人群来说效果更好(Duclos 和 Beaudry，2016)。德国的职业培训项目有助于减少青年失业率(Bernhard，Hofmann 和 Uhlendorff，2017)。

对于职业介绍，学者们普遍认为，其会在一定程度上缩短求职者失业周期，提高其重返劳动力市场的概率(Blundell，Dias 和 Meghir 等，2004)。但其效果会受到以下因素影响：一是个体异质性，与消极被动的求职者相比，政策对于积极主动的求职者来说效果更好(Ham 和 LaLonde，1996)；二是政策的服务时长与频次，职业介绍的服务时间越长，服务的频次越多，政策的效果也就越好(Dolton 和 O'Neill，2002)；三是监督与惩罚机制，对参与者实施监督与惩罚机制，会促使其更快地找到工作且所获工作的工资水平更高(Behaghel，Crépon 和 Gurgand，2014)。此外，Bruno Crépon(2016)指出，职业介绍还可能提高再就业质量，但因为对质量的概念界定及实证检验存在争议，且判定标准具有主观性和差异性，因此从提高就业质量角度对职业介绍的效果进行评估的学者较少。

对于就业补贴，其作为政府用于促进就业的一种政策工具，通过给予雇主或者雇员一定的财政补贴来鼓励就业，从而减少失业率。与职业培训类似，就业补贴同样具有提升参与者专业技能、增加参与者收入、促进就业和降低犯罪率等效果(Card，Kluve 和 Weber，2010，2018)，但也存在见效快、效果持续期短的问题，且效果的发挥受到异质性和负面效应等因素影响。例如，求职者会在就业补贴政策实施期间积极寻找工作，一旦补贴政策结束，他们的就业积极性就会骤然下降，政策效果也会随之消失(Vooren，Haelermans 和 Groot 等，2019)。此外，就业补贴政策的效果受到部门性质和个体生产力等异质性因素的影响。例如，与公共部门相比，就业补贴政策能促使私人部门提供更多的就业机会(Caliendo，Hujer 和 Thomsen，2005)。与低生产力求职者相比，就业补贴政策对高生产力求职者的激励作用并不明显，因为高生产力求职者受自尊、心理健康和家庭等因素影响，更看重目标工资与实际工资之间的匹配度。而对于低生产力求职者，尤其是工资接近最低工资水平的求职者，就业补贴会促使他们尽快找到工作(Bloom，2010)。就业补贴政策效果还会受到以下负面效应影响：一是同类型企业之间会出现替代效应，与无补贴企业相比，享受补贴的企业雇佣成本更低，利润相对更高；二是政策参与者会对非参与者产生挤出效应，参与者工作搜寻成本降低且岗位获取概率提高，而非参与者求职成本相对更高，可获得的就业机会相对减少(Fredriksson，2020)；三是预期效应会引发行为扭曲，由于补贴会改变潜在政策参与者对参与后的收益预期，因此政策参与者会做出与此前不同的求职决策，个人选择行为因此会发生扭曲(Abbring 和 Van den Berg，2003)。就业补贴可能会导致雇主招聘非优质雇员以获得更多的财政补贴，在这种情况下，政策的效果并不明显(Calmfors 和 Skedinger，2012)。除了就业补贴政策的普遍效果外，一些学者也研究了不同类型的就业补贴政策的效果。例如，Bartik(2009)对比美国不同类型的就业补贴政策后发现，对企业提供就业补贴的效果最佳，对个人提供就业补贴的效果最差。Caliendo 和 Künn(2011)则指出，向雇主提供就业补贴对受教育程度较低的人群更有利。总的来说，就业补贴政策效果取决于政策的实施情况、劳动力市场的结构以及社会经济环境等多种因素。

第二节　积极就业政策评估方法概述

积极就业政策评估是积极就业政策实施过程中必不可少的环节，对于政策的制定、执行、监控具有重要的指导价值，因此其对于提高政府设计未来政策质量和提高现行政策质量，以及实现国家治理现代化不可或缺(李伟，2015)。

按照积极就业政策评估的难易程度可分为三个层次。第一层次是事后评估，即对于已经实施的政策影响效果进行评估，也称历史性的评估，针对已经实施过的政策进行评估有利于了解和把握历史，并且对于政策的改进与完善具有重要的指导价值。从技术层面上讲事后评估方法更强调内部有效性，传统的回归分析、匹配方法、工具方法等都属于事后评估方法(Abadie 和 Cattaneo，2018)。第二层次是简单的事前评估，即对于目标群体实施新政策或者对于不同的目标群体实施旧政策的效果进行评估。事前评估可为新政策在目标群体中实施或者对新的目标群体进行政策推广提供参考依据。事前评估主要涉及外部有效性问题，结构模型方法和简约结构相结合方法属于事前评估方法(Abadie 和 Cattaneo，2018)。第三层次是复杂的事前评估，即对新的目标群体实施新的政策影响效果评估(Heckman，2010)。现实当中往往根据需要选择事前评估或事后评估，一旦选择了相关方法，就意味着将面对不同的难度系数。总的来说，对积极就业政策进行评估，不仅有利于政府相关部门和政策参与者了解积极就业政策的效果，还有利于为政策执行者开展后续工作提供改进意见，为政策制定者进行政策推广提供参考依据。

对积极就业政策的评估面临重重困难，特别是政策影响效果的评估结果受主客观多方面因素影响。例如：政策的设计与执行、政策效果评价指标、政策评估方法等客观因素均会对评估结果产生影响；政策参与者的心理状况、教育水平、个人能力等主观因素也会影响政策评估结果(Nordlund, 2011；李锐、张甦和袁军, 2018)。这些结果迥异且纷繁复杂的积极就业政策评估研究不仅会直接影响政策参与者、政策制定者和执行者对政策效果的判断，还会间接影响积极就业政策资金的使用效率和社会的整体福利。因此，需要深入了解积极就业政策的评估方法，改进现有评估方法的不足，提高评估结果的信度与效度。

从已有文献来看，学者们主要采用社会实验法和非实验法开展积极就业政策相关研究，但这两类评估方法在实践中均存在一定局限性，因此尚不存在完整统一的政策评估方法和固定的研究范式。社会实验法是最理想的研究设计，但受主客观因素的多重限制，要求严格，其实验条件在现实中往往难以全部满足。非实验法以相关经济理论和调查数据为基础，仅需通过计量经济学或统计学方法就可获得政策参与者和非参与者间政策效果的差异，但却会出现过度强调纠正选择性偏误而忽视数据质量的问题，且数据获取难度大、成本高。此外，由于政策的直接效应、间接效应与其他政策效应交互作用，积极就业政策的净效应难以确定，而常用的积极就业政策评估方法并未解决此问题(Levy Yeyati, Montané 和 Sartorio, 2019)。

即便如此，仍可利用已有的积极就业政策评估成果，综合多类型数据和评估方法，构建系统的评估框架，提高积极就业政策评估结果的科学性和可信度。值得注意的是，国外的积极就业政策主要在OECD国家间实施，由于不同政治体制和不同社会文化背景的国家，会选取不同的目标群体并制定各自的就业目标，因此国外关于积极就业政策的研究结论并不完全适用于我国当前的发展状况(Martin, 2000)。

接下来本书将分别对积极就业政策事后评估和事前评估所面临的不同问题进行综述，这对于理解和把握积极就业政策及其绩效评估尤为重要。进一步地，该综述有助于更好地设计和执行积极就业政策。

一、事后评估所面临的问题

(一)政策评估对象与政策目标群体不一致

积极就业政策主要为特定目标群体制定，通常是劳动力市场中的弱势群体。

但在政策实施过程中，政策执行者可能会出于绩效考核需要改变准入标准，吸纳部分非目标群体。因为目标群体和非目标群体之间存在较大的政策效果差异，更有甚者，政策可能会对目标群体与非目标群体分别产生正向作用和负向作用。对积极就业政策进行评估时，若将政策目标群体和非目标群体同时纳入评估对象，则极有可能出现对目标群体的正向作用与对非目标群体的负向作用相互抵消的情况，最后得出积极就业政策无效的结论，这与政策实际效果是有偏差的（Card，Kluve 和 Weber，2010；Cronert，2019）。

（二）政策评估中的选择性偏误

选择性偏误（selective bias）是积极就业政策事后评估所面临的主要问题，主要由非随机的项目参与过程引起。非随机的项目参与过程意味着项目参与者与非项目参与者之间本身就存在差异，从而影响政策评估的准确性。积极就业政策的本质是对劳动者在劳动力市场中的行为的干预，因此积极就业政策评估的本质是对这种干预效果进行因果推断，通过识别其中的因果机制反映积极就业政策的有效性。但在现实情况中，要准确识别积极就业政策的直接干预效果是很难的，因为这需要参与者同时经历参与项目和不参与项目两种状态，但是这在现实中是不可能发生的。这也成为因果推断中的根本性问题，通常需要通过实验法或非实验法（计量经济学）等方法构造“反事实”来解决此问题。实验法一般采用随机控制实验（randomized controlled trial）来消除选择性偏误；非实验法采取计量或统计技术，使实验组和对照组趋近同质，以达到近似随机分配来解决此问题。但非随机分配不能确保两组不同状态下的参与者是同质的，那么项目的效果差异就可能不单来自项目本身，还可能来自参与者自身。不同特性的群体参与政策的意愿是不一样的，参与后获得的效果也是不一样的。若忽视不同群体之间的异质性，积极就业政策评估会出现选择性偏误问题，最终导致积极就业政策评估结果与政策实际效果出现偏差。因此，如何利用合适的评估方法来减弱选择性偏误是非实验法研究的核心（LaLonde，1986；Rubin，1977）。

（三）积极就业政策中的撇脂效应

积极就业政策制定者的目标与政策绩效的指标不一致会导致政策执行者选择

有利于政策绩效的群体参与项目，这将引发撇脂效应问题，即政策参与者并不是积极就业政策制定时考虑的目标群体，而是政策绩效最好的群体。这主要是由于不同群体之间的政策需求程度和参与就业项目后能够产生的绩效指标结果存在差异。政策执行者是选择那些对政策需求程度更高的群体参与项目，还是选择那些参与就业项目后能够产生较好绩效结果的群体参与就业项目，取决于政策绩效的指标设定以及政策执行者的立场。当政策目标与政策绩效的指标不一致时，政策制定者一般会站在社会福利最大化的角度，以更需要就业援助的低技能失业者为目标群体；而政策执行者则可能为达到绩效管理指标最大化，选择更易就业而不是最需要就业的高技能群体参与就业项目，撇脂效应由此产生（Gerrish，2016）。积极就业政策实施中存在撇脂效应，可能会扭曲政策制定者的目标和政策执行者的行为，导致政策的目标群体和实际参与政策的群体不一致（Siverbo，Cäker 和 Åkesson，2019）。

（四）积极就业政策中的均衡效应

依据一般均衡理论，积极就业政策不仅会对政策受益者自身福利产生影响，还会对政策参与者周围环境及非政策参与者的福利产生影响，这种影响一般称为均衡效应（equilibrium effects），主要包括减少岗位总供给量、压缩其他求职者就业机会和知识的溢出效应等表现形式。

积极就业政策中存在的均衡效应会给评估带来以下问题。一是难以从实证角度对政策参与者和非政策参与者进行清晰的划分。即使是采用随机实验的方法，对照组也难以避免地会受到政策执行上的干扰，从而加大二者的区分难度。二是政策对非政策参与者的影响估计变得十分复杂，影响既包括负向的挤出效应，又包括正向的溢出效应。例如，就业补贴政策会对非政策参与者产生挤出效应并对社会造成无谓损失。虽然从局部的微观个体层面来看，就业补贴等积极就业政策对非政策参与者的影响微不足道，但其对宏观均衡层面的影响难以忽略。它不仅会损害非政策参与者及非受益企业的利益，还会削弱受益企业增加就业岗位的积极性，最终导致岗位总供给不变甚至减少。以职业培训政策为例，教育存在溢出效应，培训不仅可以提高政策参与者自身的专业技能和素质，还可以提高周边非政策参与者的文化素养，对非政策参与者产生积极的正向影响。总之，积极就业政策中存在的挤出效应和溢出效应均会对非政策参与者的福利产生影响，导致政策净福利难以确定。对积极就业政策中的均衡效应问题的认识可以让我们更全面客观地对积极就业政策影响效果进行评估，避免片面局部地考虑问题(Davidson和Woodbury，1993)。

二、事前评估所面临的问题

事前评估主要采用结构性方法，实现这种方法通常需要复杂的计算，以及为了更好地刻画个体行为和政策环境而作出一系列的假设，这使得它不那么透明并且显得过于理想化。相对于事后评估方法，结构性方法在可复制性和灵敏度分析方面显得更加困难(Cahuc和Le Barbanchon，2010)。除了前面讲的结构性方法存在的问题，事前评估还面临外部有效性问题。当均衡效应存在时，受益群体和非受益群体的福利会因政策实施规模的变化而发生改变。许多研究者仅将局部地区或小规模群体作为积极就业政策的评估对象，一旦政策规模扩大，适用于局部地区和小规模群体的估计结果将不再可靠(Lise，Seitz和Smith，2015)。

第三节　积极就业政策主要评估方法与不足

接下来本书将根据前文所讨论的积极就业政策评估中所面临的问题，对积极就业政策评估方法进行分类讨论，并分析各类方法在政策评估中的不足，这对于我们更好地运用和实施政策评估至关重要。如前所述，政策评估方法包括实验方法和非实验方法。实验方法虽然是政策评估的理想方法，但是由于多方面的限制，包括经济方面和非经济方面的限制，较难以实施，因此主流的政策评估方法是非实验方法。非实验方法又包括两种不同路径：一是结构路径(Chetty，2009；Blundell和Dias，2009)，主要强调经济理论和计量方法的结合，以经济理论为基础构建相关方法，对个体经济行为尤其是选择行为建模。典型的方法包括成本收益分析方法和样本选择模型方法。二是简约路径(Abadie和Cattaneo，2018)，主要针对数据采用统计技术以获得效果估计结果，强调内部有效性。典型的方法包括倾向得分匹配方法、工具变量方法、双重差分方法、断点回归方法，还包括当前刚兴起的机器学习方法。结构路径的主要思想是将经济理论特别是个体行为理论与Rubin因果模型相结合，刻画个体行为特征对项目绩效的影响，并解决评估中遇到的异质性回报等一系列问题。结构估计结果具有稳定性，可以进行效果预测，部分解决外部有效性问题。简约路径的主要思想是在反事实框架下通过统计技术构建处理组与控制组，使两组样本间的特征趋于平衡，以两组样本评估结果的差异反映政策绩效，来解决选择性偏误问题，从而很好地解决内部有效性问题。

一、成本收益分析方法

成本收益分析(Cost-benefit Analysis)方法一般通过比较积极就业政策项目参与者所获收益及其参与项目的成本来评估政策总体效果，如Cave等(1993)对参与JOBSTART就业补贴计划的成本和收益进行分析后发现，该计划虽然会对参与者的总体收入产生微弱的正向影响，但会大幅增加税收负担，最终造成社会总福利的下降。Meyer(1995)开发了一个简单的分析框架来进行积极就业政策成本效益分析。

虽然成本收益分析方法的分析框架简单明了且应用广泛，但在积极就业政策的实际研究过程中却存在诸多不便与不足。首先，该方法需要获取大量的数据资料，不仅要了解个体的就业状况、收入变化等微观数据，还需要掌握失业救济、社会转移支付、总体工资水平、社保缴费状况和税收收入等宏观经济信息。因此，一些学者在对积极就业政策进行成本收益分析时，会简化成本与收益指标，仅考虑政府的项目执行成本和参与者的工资收益，导致无法充分评估项目的潜在效应和对参与者其他收入来源的影响，以及政策对整体社会福利和生产率的贡献度。如Lise等(2015)在考虑了均衡效应之后发现，项目的成本收益分析结果与基于小规模样本的评估结果截然相反。其次，难以对成本和收益进行准确度量。以培训项目为例，对项目成本进行估算时，除培训时长等客观指标外，还需考虑授课教师的工作强度和敬业态度等主观指标，但个体之间存在严重的异质性问题(Ganimian和Murnane，2016)。主观的努力程度和成本付出难以用客观数据真实体现。对项目收益进行估算时，教育服务的价值难以统计，且培训项目带来的许多隐形收益和溢出效应也难以观测(Schochet等，2003)。此外，培训项目还可能对正规教育产生负外部性(Björklund等，2005)，但这同样难以进行观测与估计。

二、样本选择模型方法

样本选择模型(Sample Selection Model)方法由 Heckman 于 1974 年提出，此后其他学者对模型的形式和估计方法不断改进。该方法的核心思想是把未观测到的选择因素看作模型设定错误或者遗漏变量，对选择过程建模，并在结果方程中加以使用。实证研究分为两步：第一步，根据经济理论构造选择方程，引入示性变量，代表个体是否选择参与项目；第二步，进行项目参与者样本回归并估计结果方程，将逆米尔斯比(由选择方程回归得到)作为解释变量加入到结果方程中，用于纠正样本的选择性偏误。目前，样本选择模型广泛运用于积极就业政策评估中，并用于解决异质性问题。如李锐等(2015)利用 2008 年世界银行调查数据以及 2014—2015 年补充调研资料，用扩展的 Heckman 样本选择模型，将双选择模型与绩效评估方程相结合，估计积极就业政策项目绩效的主客观效应。研究发现，项目主客观平均效应的方向一致，一旦考虑异质性，不同项目及个体的主客观效应就会有显著差异。Kluve(2010)利用样本选择模型对挪威的培训项目进行评估，与传统回归评估不同的是，其未发现明显的正向效应。这些实证研究的文献进一步表明样本选择模型强调对选择过程建模，选择性偏误的影响既不能被忽略也不能被假定为随机产生。

然而在具体运用中，学者指出该模型仍然存在问题：第一，此模型严重依赖模型设定的正确性，甚至比普通回归更加依赖；第二，选择方程和结果方程的协变量往往是类似甚至相同的，这会造成共线性问题；第三，需要对不可观测变量的分布进行潜在的前提假设，很难找到可信的排除性假设。因此，采用半参数或非参数估计方法评估政策效应，继续放松假设以获得无偏估计等都是未来的研究方向。

三、倾向得分匹配方法

与结构路径不同，简约路径对非随机实验数据的因果分析沿袭了随机实验的传统。倾向得分匹配(Propensity Score Matching)方法是最典型的简约路径方法，它依据可观测变量计算的倾向得分构建处理组和控制组，将政策研究对象分为两类，比较两类人群的政策效应，从而评判历史政策的效果。Ollikainen 等(2004)利用倾向得分匹配方法对芬兰的积极就业政策进行评估，发现存在明显的正向效应。Ferracci 等(2014)基于倾向得分匹配方法构造了一个培训项目参与率的基本分析框架，并分别以本地平均强度和个人参与为假设前提。研究发现，低强度的培训项目效果更佳，且项目一旦运用于大量的失业人口，挤出效应将会降低平均政策效应。宋月萍等(2015)采用倾向得分匹法方法研究进城务工人员职业培训对工资率的影响，结果表明职业培训可显著提升进城务工人员工资。

倾向得分匹配方法主要针对历史政策实施效果，注重事后结果评估，忽略了个体选择行为的结构化分析。其优点在于分析结果具有很高的内部有效性，特别是面对实验数据或拟实验数据时，该方法的计算复杂度更小、更易重复实施和进行灵敏度分析，因此对于政策效果的评估有不可替代的优越性。但该方法的缺陷也比较突出：第一，该方法仅能在共同支撑域找到合适的配对组；第二，要求的数据规模大；第三，不能解决不可观测变量带来的选择性偏误。针对这些问题，学者们不断提出改进方法，例如将倾向值匹配和分层模型结合起来考察异质性，利用贝叶斯方法解决倾向值计算的不确定性等(Shipman，Swanquist 和 Whited，2017)。因此，如何开发新的匹配技术，如何解决多值干预或连续型自变量问题，如何将倾向得分匹配方法和其他方法相结合等都是未来的研究方向。

四、工具变量方法

工具变量(Instrumental Variable)方法的核心思想是寻找一个变量，使得该变量与内生解释变量高度相关，但与误差项和其他前定变量不相关(Semykina 和 Wooldridge，2010)。传统的工具变量方法分为两个阶段(2SLS)：第一阶段是寻找合适的工具变量并结合解释变量预测政策变量；第二阶段是求解政策效应，将第一阶段估计得到的政策变量的拟合值作为解释变量进行回归，回归系数即为政策效应。由于工具变量方法可以有效解决遗漏变量偏差、测量误差和逆向因果三种内生性问题，国内外学者已将其广泛应用于积极就业政策相关领域。Forslund 等(2004)利用工具变量方法评估了瑞典的私营企业就业补贴项目，结果发现存在显著的正向效应，但是 8 个月后正向效应会逐步消失。Raphael 等(2001)利用工具变量方法评估了澳大利亚的培训项目，结果发现项目对男性有积极影响，对女性没有影响。李小琴等(2020)在考察流动人口家庭创业政策时，采用工具变量方法分析了子女随迁对流动人口创业的影响，结果显示存在显著的正向影响。因此其建议将流动人口的家庭化迁移趋势和子女效应纳入流动家庭创业政策的考量范围。

这些实证研究的文献表明工具变量方法能在一定程度上解决内生性问题，但学者们在运用工具变量方法时也发现该方法存在问题：第一，寻找一个好的工具变量非常难，例如在评估培训对工资收入的影响时，很难找到一个影响培训参与但不直接影响工资或就业选择的变量；第二，工具变量方法的估计结果往往因工具变量的选取而异；第三，它需要假设个体对政策反应的异质性不影响参与决策。因此，寻找最佳工具变量，完善多工具变量，以及线性或非线性模型工具变量的选取等都是未来的研究方向。

五、双重差分方法

双重差分(Difference in Difference)方法的核心思想是通过对比处理组和对照组在积极就业政策实施前后的差异来评估政策效应。实证研究中的关键是构造双重差分估计量。由于双重差分方法思路简洁，回归估计方法日趋成熟，国外学者已将其广泛应用于就业政策评估领域，但国内运用该方法评估积极就业政策实施效果的人较少。比较有代表性的是，Blundell 等(2004)利用双重差分方法评估英国职业介绍和就业补贴项目，结果发现对男性的正面影响在前 4 个月较大，对女性的正面影响较小。秦川(2010)利用 2009 年江西省抽样调查数据，使用双重差分方法对江西小额担保贷款政策进行了评估，发现其具有正向的收入效应。李静等(2013)利用 2006 年和 2009 年农村固定观察点数据，使用双重差分方法研究发现，2006 年宁夏持续开展的“农民培训工程”效应显著，但 2009 年培训效应不明显，培训对农民增收所带来的效应呈明显下降势头。赵静(2014)使用 2002—2009 年中国城镇住户调查数据和双重差分法，研究失业保险对就业的影响，结果发现扩大失业保险基金支出范围显著提高了劳动力的就业概率。

这些实证研究的文献进一步表明双重差分方法简单易用，既能控制样本之间不可观测的个体异质性，又能控制随时间变化的不可观测因素的影响，使政策效应评估模型更贴近现实情况。然而，在实际运用中，学者也指出该方法存在一些问题：第一，数据要求严格，必须有政策实施前处理组和控制组的数据；第二，许多政策并不满足其严格的假设条件(陈林和伍海军，2015)；第三，要求处理组和对照组的结果变量随时间的变化有共同趋势。因此，进一步放松应用假设条件，降低双重差分方法对政策实施时间选择的敏感度，综合运用双重差分方法与其他评估方法提出新的估计量等都是未来的研究方向。

六、断点回归方法

断点回归(Regression Discontinuity)方法包括清晰断点回归(sharp RD)和模糊断点回归(fuzzy RD)。清晰断点回归指在临界值一边接受的特定干预概率为1，而在临界值另一边概率为0；模糊断点回归指在临界值两边接受的特定干预是不确定的，其概率均处在0和1之间，其中模糊断点回归可以通过两阶段最小二乘(2SLS)或者非参数方法来实现。Thistlethwaite等(1960)首先提出了断点回归的相关思想，此后Hahn等(2001)给出了断点回归方法识别和估计的完整理论分析。目前该方法已经被大量应用于政策评估研究中。该方法直观简便，在政策评估研究中主要包括两个阶段。第一阶段，画出项目参与概率和驱动变量二者关系的图形，并检验其余影响变量的连续性，如果图形出现跳跃并且其余影响变量在断点处连续，则可以进行断点政策评估。第二阶段，使用部分线性、局部多项式回归法或者非参数的局部线性回归法对临界值两边的样本分别进行估计，使用估计结果测算政策效应。

断点回归方法被认为是除社会实验外，假设条件最易实现、因果推断最清晰、结果最可信的评估方法(Lee和Lemieux，2010)。国外将其广泛应用于积极就业政策评估领域。如Frölich和Lechner(2010)利用断点回归分析了参与积极的劳动力市场培训计划对就业机会的影响，结果发现，对于那些被称为“边际参与者”的失业者来说，积极就业政策在短期内增加了大约15%的个人就业率。Black等(2007)利用断点回归评估了培训项目对收入的影响，结果发现存在显著的正向影响，培训项目提高了大约1500美元的收入。但国内鲜有运用断点回归方法评估积极就业政策的文献。这可能与该方法存在的问题有关：第一，要求的数据规模太大(Lee和Munk，2008)；第二，外部效度有限(Imbens和Lemieux，2008)；第三，估计结果不稳健。因此，如何准确选取带宽，如何解决其推广性和结果不稳健等问题将是未来的研究方向(Wong 和 Steiner, 2013)。

七、机器学习方法

机器学习(Machine Learning)方法通过大数据模拟人类学习行为，既能对政策进行事前评估，还能考察异质性处理效应问题。

相对于传统的方法，机器学习方法可以做到用高维协变量进行匹配分析，协变量个数甚至多于样本个数。Linden(2016)进一步改进了传统的匹配方法，其思路是：第一，通过数据训练出一种分类算法；第二，将该算法应用于已经匹配好的两个样本，观察其能否区分样本。

对于异质性，机器学习方法通过估计最优政策函数，即从个体的可观测协变量到政策分配的函数，来寻找不同群体之间的处理效应，考察处理效应随协变量变化的情况，以最大限度地减少无法使用理想政策的损失。但异质性处理效应的估计结果依赖于样本群体的划分，且同一划分标准下的个体处理效应均相同，不会随个体的变化而变化。对于事前评估，相比于使用结构估计方法对相关参数进行评估，机器学习方法预测会更加简单，其可以把给定个体的预测(给定其协变量)概括为单个数值，在测试集上对预测结果和预测质量进行评估，不需要进一步建模假设。机器学习方法对异质性因果作了三个改进：①尽可能少地遗漏一些重要的异质性结论，并且不用为过多的检验而担心；②在了解所有的异质性处理效应之后，可以根据收益成本最大化目标，针对不同群体精准实施政策；③通过数据驱动的方式识别异质性因果的差异，而不需要预先分析计划，更不用担心由于多次测试而导致的无效推断(Athey 和 Imbens, 2017)。

机器学习的评估结论依赖于统计理论，因为在测试集中没有观察到真实参数值，需要统计理论评估参数估计的质量。此外，对于宏观经济预测，大多数机器学习方法均要求样本是独立同分布的，即从总体中简单随机抽样，但经济变量尤其是宏观经济变量难以满足独立同分布要求，这是目前限制机器学习在宏观经济预测中应用的主要难点。

八、积极就业政策评估的不足与展望

如何高效地运用积极就业政策，需要我们对其制定过程和实施效果具备清晰的认识，而认识的形成依赖于一个科学、全面、客观的政策评估体系。但目前在积极就业政策评估研究中，仍存在以下问题：评价指标设置单一且多以客观指标为主，缺乏对政策满意度等主观指标和综合指标的考察；主要采用比较静态分析方法对政策进行机制分析，但积极就业政策从制定到实施是一个不断变化的动态过程；以评估局部有效性为主，结论外推的信度和效度存疑；大部分研究方法均以个体独立为前提，无法考察积极就业政策的均衡效应，如溢出效应和挤出效应等问题；机器学习方法可有效解决异质性处理效应问题，但目前几乎没有将其运用于积极就业政策评估的文献。

针对目前积极就业政策评估研究现状中的不足，本书为未来积极就业政策评估的相关研究提出以下研究展望：首先，结合我国政策实际执行状况，建立一个包含主客观评价指标的综合性评价指标体系；其次，逐步构造覆盖政策制定、政策执行、政策反馈等一系列环节的动态机制分析模型；再次，在评估过程中，考虑积极就业政策的均衡效应和外部有效性，提高相关政策建议的适用性；最后，尝试利用大数据，将机器学习等研究方法纳入政策评估方法，考察群体之间的异质性(Abadie 和 Cattaneo，2018)。

第四节　积极就业政策中撇脂效应相关研究概述

国内外关于积极就业政策实施中撇脂效应的研究主要集中在三个方面：撇脂效应形成机理研究、撇脂效应评估研究和撇脂效应治理研究。

一、撇脂效应形成机理研究

积极就业政策中的撇脂效应形成机理研究成果主要分为两类。一是委托代理框架下的形成机理研究。Jan-Erik 和 LANE(2019)、Jia 等(2020)、Morel 等(2020)利用信息经济学和合同理论相继构建了政府行为分析框架，指出其多任务、多层级、多委托部门的行为特点，并据此为分析撇脂效应提供了理论分析基础。Taylor(2021)在此基础上对该模型进行了理论上的拓展。Kim 和 Min(2020)的研究将该分析框架应用于撇脂效应的分析并对部分应用条件进行了拓展。

二是反事实框架下的形成机理研究。Koning 和 Heinrich(2013)、Barnow 和 Smith(2015)的早期研究可以看作该类分析方法的发端，Kasdin 等(2018)和 Negoita(2018)针对培训项目构建了一个反事实框架下政府撇脂效应分析模型，并据此分析了绩效激励对政府行为的影响，广泛地讨论了影响政府撇脂效应的各种因素。Khajehnejad 和 Linder(2022)、Wang(2022)的相关研究进一步完善了该分析框架，并给出了该方法的广泛应用范围。

以上两类研究主要是关于撇脂效应的比较静态分析，关注的是短期发生机制与短期效应，而政策实施过程中政策执行者和政策需求者的动态行为和长期目标才应是撇脂效应研究的重点。此外，已有研究主要关注客观绩效评价指标所导致的撇脂效应，忽视了政策实施过程中的主观绩效评价指标，以及由此导致的主客观绩效评价指标冲突时撇脂效应的发生情况。

二、撇脂效应评估研究

学者们关于撇脂效应的评估方法主要包括规范评估方法和实证评估方法两类。在规范评估方法方面以 McDavid 等(2018)为代表，他认为先要区分扭曲的绩效指标(distorted performance measure)和没有扭曲的绩效指标(undistorted performance measure)，激励目标与组织目标完全一致的绩效指标才是没有扭曲的绩效指标。他构造了两个关于代理人行为的线性产出函数，一个是组织目标收益随着代理人不同行为选择而变化，另一个是绩效考核结果随着代理人不同行为选择而变化。代理人行为对组织目标收益的边际贡献和绩效考核结果的边际贡献不同，代理人行为可能增加绩效结果却不能增加组织收益，或可能增加组织收益却不能增加绩效结果。通过组织目标收益的边际贡献曲线和绩效考核结果的边际贡献曲线之间的夹角来反映撇脂效应程度。实证方法主要包括 Mauro 等(2017)和 Negoita(2018)提出的两类分析方法。Mauro 等(2017)在 Lu 等(2015)的基础上采用关系统计量来识别绩效指标是否存在扭曲，通过评估相对权重改变后绩效考核结果的变化来测试是否存在激励扭曲，即估计绩效指标和委托人目标之间的关系是如何随着指标权重的变化而变化的。Negoita(2018)通过反事实框架分解政策参与过程，提出了撇脂效应评估方法，政策参与过程可分解为合格性、意识、应用、接受和登记。以往的撇脂效应评估方法大多忽略了撇脂效应的重要机理，即政策需求者与政策执行者的选择行为均为动态调整过程，但一个完整的撇脂效应评估方法应同时满足动态性和双选择性。

评估方法和评估对象的不同导致撇脂效应评估结果存在差异（Gerrish，2016）。Allcott（2015）通过对 Opower 项目的研究发现，政府在选择城市进行项目试点时并非是随机的，所选区域往往有更多的环保人士，而环保人士更加倾向于参加项目，这样的筛选行为导致了撇脂效应，并且这种效应的影响较显著。Gerrish（2016）对 49 项政府行为进行 Meta 分析，发现撇脂效应广泛存在，并且部分效应较显著。Garrels 等（2021）研究发现针对残疾人的保护性就业项目实施过程中最易产生撇脂效应。Zumaeta（2021）发现在《职业培训合作法案》（Job Training Partnership Act，JTPA）绩效标准下地方政府在实施政策的过程中虽然确实存在撇脂效应，但撇脂效应仅使得就业率小幅下降。McDavid 等（2018）研究表明，在选择参与过程阶段，政府制定有利于自身的筛选规则会带来撇脂效应，如政府优先选择能够实现短期目标而非长期目标的群体。Gerrish（2016）、Negoita（2018）、Boockmann 和 Braendle（2019）的实证结果也表明，在积极就业政策实施过程中存在一定的撇脂效应。可见，尽管撇脂效应的影响程度存在争议，但实证检验均发现结果导向会扭曲政府行为从而导致撇脂效应。

三、撇脂效应治理研究

撇脂效应会导致公共服务偏离原有的政策目标，主要是因为委托代理框架下代理部门基于自身利益最大化的考量，选择了适合原有绩效标准的服务对象。因此，要想让公共服务落到实处，惠及真正有需求的人群，就有必要引入适当的奖惩机制并完善绩效考核内容。Heinrich（2007）研究表明，高绩效奖励制度更有可能鼓励虚报绩效和其他违背政策初衷的行为，而采取政府声誉奖惩制度可以有效抑制高绩效奖励制度所导致的撇脂效应，并对政策执行者的行为进行有效的规制。Han 等（2023）发现在低收入国家，公务员薪酬变化与政府绩效始终呈负相关关系，要警惕将私营企业的绩效理论不加辨别地直接应用于公共部门，在实施行政改革时必须考虑国情。以绩效为导向的管理模式确实成功地激励了政府官员落实目标指标，但却导致了非目标指标的恶化，应该考虑采取补偿措施，如发现和报告遗漏的重要绩效方面的制度安排，以解决该制度可能存在的隐患（Li 等，

2022；Ortagus 等，2020）。Heinrich 和 Marschke（2010）认为公共项目的复杂性和技术性会迫使绩效衡量方案适应多种难以衡量的目标。如果将激励方案简单地应用于公共部门，而不考虑公共部门结构的复杂性、工作任务的异质性，那么这些激励方案是缺乏效率的。因此他们给出了一个较为具体的解决方案：在公共部门能够识别有内在动机的工作人员、拥有能够促进工作任务完成的组织结构、实现职能与权责分离的情况下，可以让部分工作人员只执行可衡量的任务，以利用激励机制对这部分人员起到激励作用，同时将其他有内在动机的工作人员放在难以衡量的岗位上并减轻这部分人员因缺乏激励而产生的道德风险。Courty 等（2011）指出政策制定者不是政策执行者，信息不对称会导致绩效系统具有功能性缺陷。政策制定者应充分考虑政策执行者对绩效考核内容（包括绩效考核标准和绩效考核方式）的反应，针对不同功能性失调行为提供差异化的考核标准和方式，完善绩效考核内容，从而降低撇脂效应。Kelchen（2018）通过研究公立学院拨款系统（performance-based funding，PBF），发现单独设立为高危学生服务的奖金有助于减轻其他 PBF 系统中产生的撇脂效应。

此外，除了从绩效考核内部解决问题外，还能通过技术创新、策略创新等外部手段治理撇脂效应。Heinrich（2022）等发现，应用信息技术可以帮助政府减轻行政负担、提高行政效率，从而改善公共服务效果。在美国，被称为"为成功付费"（pay-for-success，PFS）的社会影响债券①（social impact bond，SIB）引起了人们的关注，其目的是为弱势人群提供资金和预防服务（Heinrich 和 Kabourek，2019）。Ho 和 Sherman（2017）认为政府官员之间的分权决策会造成官僚决策不一致，为了应对官僚系统的挑战和促进法治建设，可以强化学术机构在政策质量改进过程中的重要作用。

---

① 社会影响债券是指由私人投资者为某一个社会管理项目提供实施资金，以达到特定目标。如果目标实现，政府向投资者返还资金，同时奖励一部分利润；如果目标没有实现，政府不作任何返还。社会影响债券项目中，由投资者提供项目运营的资金，项目承包方实施项目，政府则根据项目实施的效果（项目合同约定的一些特定指标）来向投资者支付报酬。社会影响债券是以取得社会效益为基础的，也就是说，投资者回报额取决于项目或者服务所获得的成果，与项目进度或已完成工作无关。比如，回报额取决于该项目是否降低了罪犯再入狱率，而不取决于项目花费的成本或工作人员的数量。

四、研究评述

关于撇脂效应的研究主要集中在国外，国内较少关注到积极就业政策的撇脂效应。王海港等(2009)发现职业技能培训中存在明显的撇脂效应，那些最有可能参加培训的村民从培训中获得的边际收益最低，那些不太可能参加培训的村民反而会获得最高的边际收益。陈耀波(2009)发现能力较强的农村劳动力更倾向于参加培训政策，农村劳动力职业培训政策中存在撇脂效应，并且该效应对收入产生正向作用，该研究认为这种撇脂效应是农村劳动力自我筛选的结果，没有考虑到政策执行者在培训政策中的决策作用。赵曼等(2010)以及李锐等(2010，2015，2016，2018，2020)对我国积极就业政策进行了系列研究，但缺少对积极就业政策实施中的撇脂效应的系统研究。

综上所述，国内外关于撇脂效应的研究存在三方面不足：一是以往研究更多地关注短期行为而忽略了长期动态行为，且过多地关注撇脂效应客观绩效指标而忽视了撇脂效应主观绩效指标，导致对撇脂效应形成机理和治理机制的研究存在不足；二是在撇脂效应评估研究中忽略了政策执行者和政策需求者之间的双向选择，直接导致了对撇脂效应评估结果的不客观与非稳健性，以及实务操作中撇脂效应评估指数的缺乏；三是我国积极就业政策相关动态追踪研究的多信息源微宏观数据库还未建立，阻碍了对撇脂效应评估与治理的系统动态追踪研究。改进以上三方面的研究不足正是本书的重点及学术价值所在。

第三章　积极就业政策中撇脂效应的发生机理研究

第一节　重要概念界定

一、积极就业政策

就业是民生之本。2002 年《中共中央、国务院关于进一步做好下岗失业人员再就业工作的通知》中首次提出积极就业政策的概念。该政策当时主要为解决市场经济体制及就业体制改革带来的就业总量压力扩大、结构性失业等问题，出台了一系列针对下岗失业人员扩大就业的积极措施，确定了中国积极就业政策的体系框架。随着经济社会发展与就业形势的不断变化，积极就业政策也处于不断演变与健全完善的过程，较好地发挥了扩大就业、促进经济发展与维护社会稳定的重大作用。

2003 年全国再就业工作会议的召开在一定程度上完善了积极就业政策，会议强调进一步坚持劳动者自主择业、市场调节就业和政府促进就业的方针，改善创业环境、鼓励自谋职业与自主创业、转变就业观念、扶持中小企业、发展劳动密集型行业、完善就业服务体系、加强职业培训、扶持困难群体就业等。政府就业理念、政策范围与力度等均较 2002 年有了较大的发展，既体现了政府在实践中对积极就业政策的优化，也反映了当时发展经济与扩大就业的要求。

2005 年颁布的《国务院关于进一步加强就业再就业工作的通知》，进一步健全完善了积极就业政策，提出了更加综合性的政策目标与任务，标志着积极就业政策基本成熟。该通知将城乡统筹就业纳入积极就业政策的涵盖范围，明确规定政策实施对象从下岗失业人员扩大到社会新增劳动力与进城务工人员，并且改进就业服务和强化职业培训，建立社会保障与促进就业的联动机制。同时在具体政策上除对以往内容与措施进行相应的延续性调整外，在职业培训、市场建设、就业服务等方面根据经济社会发展的要求补充了相应内容，基本奠定了积极就业的政策体系与运行机制。

2006 年在实现比较充分的社会就业目标背景下，《中共中央关于构建社会主义和谐社会若干重大问题的决定》进一步丰富完善了积极就业政策的内容。重点强调完善促进就业的财税金融政策，努力发挥自主创业与自谋职业的作用。强调构建健全完善的面向全体劳动者的职业技能培训制度，特别关注创业培训与再就业培训。针对就业中存在的突出问题，强调在强化政府促进就业职能的基础上，做好城镇新增劳动力就业等特殊群体就业人员的工作，努力帮助零就业家庭与就业困难人员就业。该决定首次强调和谐劳动关系对于促进就业的重大作用。政府扩大就业理念、促进就业重点、政策范围与力度等均较以往政策有了较大的提高，积极就业政策更加成熟与完善。

积极就业政策从主要注重政府作用到政府与市场并重，从关注再就业人员到关注所有从业人员，从较为狭窄的促进就业手段到多渠道、多方式的促进就业手段，从不重视经济增长的作用到强调实现经济发展与扩大就业良性互动，从政府促进就业到充分发挥劳动密集型产业、服务业与中小企业的作用，从自谋职业到鼓励自主创业与灵活就业，尤其强调发挥财税金融政策促进就业的重大作用，也对零就业家庭与大学生就业等特殊就业群体以及构建和谐劳动关系予以了特别的关注。这在扩大就业、构建托底机制、促进经济发展与维护社会稳定等方面发挥了应有作用。

2008 年《中华人民共和国就业促进法》的颁布，标志着我国就业再就业工作迈入法治化、制度化的轨道。2011 年 12 月，我国第一部促进就业的国家级专项规划《促进就业规划(2011—2015 年)》发布，标志着中央开始统筹经济结构和就业结构之间的关系，强调要以产业带动就业、以就业带动创业，为就业空间的拓展提供了基础。该规划将推进大学生就业工作作为一项重要任务，通过市场导向、政府调控、学校推荐、双向选择等政策推动大学生就业，以创新创业教育带动大学生就业，服务经济社会发展需要。初步建立起以“就业促进、就业扶持、社会保障、就业服务”为内容的就业政策体系。

党的十八大以来，以习近平同志为核心的党中央实行就业优先战略，在推动高质量发展中强化就业优先导向，不断丰富发展更加积极的就业政策。同时，将就业工作放在六大民生工程的首位。第一，坚持经济发展就业导向，推动就业岗位扩量提质，健全宏观政策联动机制，推动产业、财税、金融、贸易等政策围绕稳定和促进就业综合发力。第二，强化创业带动作用，加大税收优惠、创业担保贷款、资金补贴、创业培训等政策实施力度，支持各类创业孵化基地和园区建设。第三，适应数字经济发展，积极开发新职业，发布新职业标准，支持发展新就业形态，释放就业岗位，推进职业资格“放管服”改革。第四，大规模开展职业技能培训，缓解结构性就业矛盾。

现行积极就业项目种类，主要包括职业培训、小额担保贷款、职业介绍、职业培训、社会保险、公益性岗位等，同时资金投入不断加大。与早先的积极就业政策重点发挥政府促进就业作用不同，现行积极就业政策实施的前提是存在较为健全完善的劳动力市场体系，积极就业政策重点在于修复劳动力市场的缺陷，通过职业培训、提供公共岗位，以及其他促进就业等途径有效扩大就业，发挥劳动力市场配置劳动力资源的基础性作用。

二、撇脂效应

“撇脂”一词在经济学领域中，表现为厂商为追求短期利润最大化，在市场竞争初期的定价策略上选择以高价将产品出售给消费者，从而在竞争品出现之前迅速回笼资金。该策略在市场中只锚定能给厂商带来高收益的顾客群体，而舍弃弹性较大的中低收入群体，因此被称作“撇脂定价法”。这种舍弃低收入的消费者而只向高价值的消费者提供产品或服务的策略，只是一种追求短期利润的策略，就长期而言必然会毁损企业的市场竞争能力。这种撇脂策略最早于商业领域中提出，现已广泛应用于各领域，包括医疗保健、教育、公共服务领域。在商业领域，撇脂策略一般被应用于高科技产品方面，如智能手机、平板电脑等。通过提升产品定价，企业可以吸引那些愿意为新技术付出更多代价的消费者，同时也可以获得更高的利润（Kandampully，2013）。在医疗保健领域，医院及其他医疗机构会采取撇脂策略以提升定价，从而吸引那些愿意为高质量医疗服务付出更多代价的患者(Cheng 等，2017)。在教育领域，部分高校倾向于采取撇脂策略，以吸引愿意为高品质教育资源付出更多代价的学生(Hu 等，2014)。

在公共服务领域，撇脂策略也得到了广泛的应用。政府机构采用撇脂策略，将政府服务价格定得较高，以吸引那些愿意为高质量服务付出更多代价的人。例如，城市公立医院吸引那些愿意为高质量医疗服务付出更多代价的患者(Wang 等，2016)。此外，在公共服务的研究领域中，研究者认为在委托代理框架下，代理部门在自身利益最大化的驱使下会选择提供有高回报的服务，而对于不能带来回报的公共服务项目，即便在委托之下也会选择忽略或持消极态度。还有一种观点认为即便完全由公共部门提供公共服务，公共部门也会因为更加关心绩效而选择为更易达成其绩效目标的人群提供服务，从而忽略掉真正需要得到服务的人群。

第二节　委托代理理论

委托代理理论由企业内部信息不对称及激励问题研究发展而来，重点研究在利益冲突和信息不对称的环境下，委托人如何设计最优契约(激励机制)激励代理人，诱导自利的代理人向委托人如实汇报其掌握的信息和采取的行动，从而保证为委托人的利益服务。委托代理模型需要满足三个条件：首先是信息非对称，即代理人比委托人拥有更多的信息；其次是契约关系，即委托人和代理人之间的责任、权力、利益等的界限由契约规定；最后是利益结构，即委托人需要设计一个让代理人接受并且可以促进代理人采取适当行动的契约，这个设计必须使代理人在实现自身效用最大化的同时，也最大限度地增加委托人的效用。

积极就业政策从提出到实施的过程即满足以上三点。为解决整个国家宏观层面存在的失业问题，中央政府提出实施积极就业政策，并发放政策资金给地方政府，然后由地方政府具体实施。所以中央政府处于委托人的角度，而地方政府是中央政府实施积极就业政策的代理人。

首先，相比于中央政府，地方政府往往更了解当地的失业情况，比如造成失业的原因、失业人群等，这些情况将有助于当地政府更有效地配置政策资金。除此之外，地方政府为失业者提供职业介绍、职业培训等服务，对政策资金使用情况更清楚。而中央政府对不同地区内部的失业情况和资金分配等的了解程度低于当地政府，中央政府和地方政府之间存在信息不对称的问题。其次，地方政府实施积极就业政策的资金主要来自转移支付，即由中央政府拨给各地方政府一定的积极就业政策专项资金，让地方政府实施积极就业政策，由此形成一定的财权关系。最后，中央政府作为委托人，为了使地方政府可以贯彻积极就业政策，必然会提出一些激励机制，让代理人对政策的实施尽心尽责，以实现中央政府的效用最大化。而地方政府作为代理人也满足“理性人”假设，他们会选择更利于实现自身效用最大化的行为方式。虽然委托人和代理人的最终目标可能不一致，但他们都是追求自身效用最大化的理性人。是否有一种激励机制可以使委托人和代理人的效用都尽可能最大化，这是中央政府在设计契约时需要考虑的问题。

委托代理理论建立在非对称信息博弈论的基础上，倡导企业所有权及经营权的分离。Jensen 和 Meckling(1976)对委托代理理论的相关问题进行了系统论证。根据非对称信息博弈发生的时间标准，可大体将委托代理问题区分为“事前逆向选择”与“事后道德风险”。“事前逆向选择”是指由于委托人对代理人的信息了解程度不够，选择了不符合要求或者不能完成委托人规定内容的代理人。“事后道德风险”则是指代理人在完成委托人规定内容时，为了实现自身效用最大化，做出违反委托人效用最大化的决策行为。如前文所述，本书假定在实施积极就业政策过程中，地方政府是符合中央政府要求的代理人，重点讨论“事后道德风险”问题。

为激励地方政府更好地落实积极就业政策，人力资源和社会保障部、财政部、国务院(财社〔2012〕17 号、财社〔2018〕52 号、国发〔2021〕14 号)进一步强调要以结果绩效为导向分配专项资金，加强对就业政策实施效果的跟踪调查评估。这种以结果绩效为导向的资金分配方式和评估标准将导致中央政府与地方政府的效用最大化方向不一致。中央政府实施积极就业政策的目标是改善整个国家的就业状况，所以中央政府的效用最大化是指政策资金最大化地改善整个国家的就业情况，中央政府出台一系列的激励政策是希望地方政府可以认真贯彻落实积极就业政策。

但是对于地方政府而言，其是以达到考核标准或者说使结果绩效最大化来实现效用最大化。地方政府实现效用最大化的最好办法就是在实施积极就业项目的时候直接选择那些本身工作能力就比较强的人，而不选择那些很难就业的、工作能力较弱的人，即使这些工作能力较强的人可能不需要积极就业项目也能找到工作。参加积极就业项目对这些工作能力较强的人的就业促进效果可能没那么大，甚至参加该项目可能挤占他们找工作的时间或者工作时间，产生锁定效应。一方面，让那些自己本身就可以找到工作的人参加积极就业项目，对整个社会的就业情况提升效果并不大；另一方面，在积极就业政策资金有限的情况下，选择工作能力较强的人参加积极就业项目，将加大工作能力较弱的人的就业难度，不能很好地起到改善整个社会就业情况的作用。如此一来，地方政府的效用最大化决策是不利于中央政府的效用最大化的，从而会产生道德风险。

中央政府与地方政府在某个角度是一种博弈关系。假设地方政府在初始时期的积极就业政策资金为 B。对于地方政府而言有两种选择，一是使自己的效用与中央政府完全保持一致，在中央政府有监督时能获得奖金 R，在中央政府无监督时不能获得奖励；二是仅仅为了完成考核而实现自身效用最大化，在中央政府有监督的情况下将会受到惩罚，缩减资金 F。对于中央政府而言也有两种选择，一种是对地方政府的行为进行评估监督，此时会产生成本 C，如果监督发现地方政府行为不利于实现中央政府目标，则取消奖金 R 并缩减资金 F，反之则给予奖金 R；另一种是不监督，这时地方政府与中央政府目标一致时将不获得奖金，而不一致时将获得奖金 R，具体如图 3-1 所示。

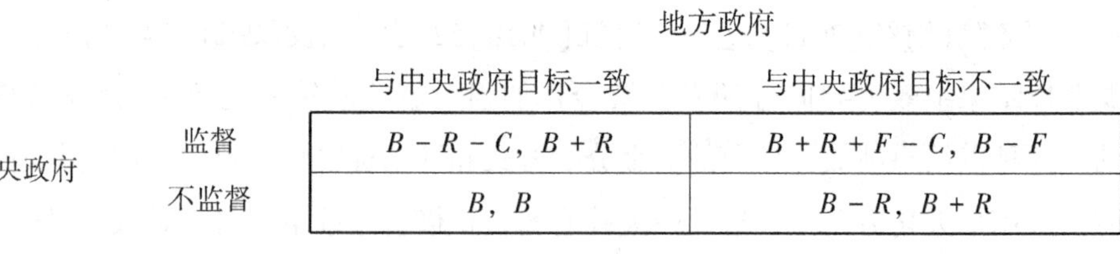

		地方政府	
		与中央政府目标一致	与中央政府目标不一致
中央政府	监督	$B-R-C,\ B+R$	$B+R+F-C,\ B-F$
	不监督	$B,\ B$	$B-R,\ B+R$

图 3-1　中央政府与地方政府的博弈关系

假设中央政府监督的概率为 θ，地方政府与中央政府目标一致的概率为 γ。中央政府监督和不监督情况下的期望效用分别为：

$$U_C(1,\ \gamma)=\gamma\times(B-R-C)+(1-\gamma)\times(B+R+F-C) \tag{3-1}$$

$$U_C(0,\ \gamma)=\gamma\times B+(1-\gamma)\times(B-R) \tag{3-2}$$

当$U_C(1,\ \gamma)=U_C(0,\ \gamma)$，即中央政府监督和不监督的效用相等时，有：

$$\gamma^*=\frac{2R+F-C}{3R+F}$$

地方政府与中央政府目标一致和不一致时的期望效用分别为：

$$U_L(1,\ \theta)=\theta\times(B+R)+(1-\theta)\times B \tag{3-3}$$

$$U_C(0,\ \theta)=\theta\times(B-F)+(1-\theta)\times(B+R) \tag{3-4}$$

当$U_L(1,\ \theta)=U_C(0,\ \theta)$，即当地方政府与中央政府目标保持一致和不一致的效用相等时，$\theta^*=\frac{R}{2R+F}$。

在这个监督博弈中的纳什均衡与奖金 R、惩罚程度(缩减资金 F)以及监督成本 C 有关。对地方政府的奖励 R 越大，中央政府的监督成本越大，地方政府与中央政府目标一致的概率越小；对地方政府的惩罚程度越大，地方政府与中央政府目标一致的概率越大。

第三节　政府选择与撇脂效应

我国地方官员制度是任期制，曹静晖等(2018)通过对我国334个地级市市长(2002年至2012年)和市委书记(2002年至2010年)的任期长度进行分析发现，市长平均任期3.46年，市委书记平均任期3.95年。地方政府在执行政策时不仅要考虑当期的效用，还要考虑其任期内的预期效用，以期通过当前行为的调整达到多期效用的最大化。本书为简化分析，以两期为例，多期的分析可根据两期分析进行类推。

积极就业政策实施过程中，符合申请条件的个体先提交申请，然后由地方政府决定其能否参加积极就业项目。若个体 i 在第 t 期被地方政府选择参加项目，其参加项目后收入为Y_{1i}^t，其中，$t=1$代表第1期，$t=2$表示第2期；$i=1\cdots S_t$，S_t为第 t 期所有申请参加项目的人数，$N(S_t)$为在S_t中被地方政府选择参加项目的人；若个体 i 在第 t 期末被选择参加项目，其对应项目后收入为Y_{0i}^t。第1期参加项目的个体在参加完项目后的人均收入为$M(S_1)=\frac{1}{N(S_1)}\sum_{i\in N(S_1)}Y_{1i}^1$。假定地方政府第1期项目预算约束为$B_1$，如果第1期考核结果$M(S_1)$达到规定的考核标准$\tau$，则地方政府获得奖金$R$用于第2期预算，此时第2期的项目预算为$B_2=B_1+R$；否则，第2期的项目预算与第1期预算相同，为$B_2=B_1$。

根据以上分析可以发现，选择参加项目后获得较高收入的个体参加项目对于执行者而言是非常有利的，既可以帮助他们更容易地通过考核，还能获得下一期更多的项目预算。但是个体在参加项目后获得高收入主要通过两种途径：一是个体本身不需要参加项目就能获得高收入；二是个体在项目中收益较大，从而获得高收入。前一种情况对地方政府更有利，后一种情况则同时有利于项目参与者和地方政府。个体i能否参加项目的最终选择权在地方政府，所以地方政府在面临绩效考核压力和奖金激励的情况下，可能为了达到绩效考核标准和获得奖金，选择参加项目后可能获得较高收入的个体参加项目。

地方政府为追求两期效用最大化，在筛选过程中要考虑参加第1期和第2期项目的个体在参加完项目后的收入现值之和$\psi(S,B)=\psi(S_1,B_1)+\frac{1}{1+\rho}\psi(S_2,B_2)$，其中，$\psi(S_1,B_1)=\sum_{i\in N(S_1)}Y_{1i}^1$表示个体参加第1期项目后的收入之和，$\psi(S_2,B_2)=\sum_{i\in N(S_2)}Y_{1i}^2$表示个体参加第2期项目后的收入之和。$\rho$表示折现率。进一步地，如果在选择项目参与者时将个体的相关禀赋为$Q(S_t)$考虑进地方政府的效用函数中，则地方政府的两期效用可表示为：

$$\begin{aligned}U=&U(\Psi(S_1,B_1),N(S_1),Q(S_1))+\\&\frac{1}{1+\rho}Pr(M(S_1)\geqslant\tau)\max U(\Psi(S_2^1,B_1+R),N(S_2^1),Q(S_2^1))\\&+\frac{1}{1+\rho}Pr(M(S_1)<\tau)\max U(\Psi(S_2^0,B_1),N(S_2^0),Q(S_2^0))\end{aligned}\tag{3-5}$$

其中，S_2^0是第1期项目结果未达到考核标准的情况下($M(S_1)<\tau$)申请参加第2期项目的人数，此时第2期项目预算为B_1；S_2^1是在第1期项目结果达到考核标准后($M(S_1)\geqslant\tau$)申请参加第2期项目的人数，此时第2期项目预算为B_1+R。

由于第2期项目实施效用受到第1期项目结果能否达到考核标准的影响，因此，地方政府在选择项目参与者时，会通过选择参加第 1 期项目的最佳群体和人数 $N(S_1)$，试图实现两期效用最大化。如果 $N(S_1)$ 为连续变量，且效用函数可以对其求一阶导数，则实现效用最大化的一阶条件为：

$$0=\frac{\partial U(\Psi(S_1,B),N(S_1),Q(S_1))}{\partial N(S_1)}+\frac{1}{1+\rho}\left\{\frac{\Pr(M(S_1)\geqslant\tau)}{\partial N(S_1)}\left[\max U(\Psi(S_2^1,B_1+R),N(S_2^1),Q(S_2^1))-\max U(\Psi(S_2^0,B_1),N(S_2^0),Q(S_2^0))\right]\right\}\tag{3-6}$$

其中，第一项 $\frac{\partial U(\Psi(S_1,B),N(S_1),Q(S_1))}{\partial N(S_1)}$ 反映了 $N(S_1)$ 对第 1 期效用的价值，第二项 $\frac{1}{1+\rho}\left\{\frac{\Pr(M(S_1)\geqslant\tau)}{\partial N(S_1)}\left[\max U(\Psi(S_2^1,B_1+R),N(S_2^1),Q(S_2^1))-\max U(\Psi(S_2^0,B_1),N(S_2^0),Q(S_2^0))\right]\right\}$ 为第 1 期的选择对考核标准的激励反应，等于 $N(S_1)$ 对获得奖金概率的边际效应乘以获得奖金后效用的增加。在该简化模型中，虽然地方政府的考核标准依然是项目结果，但是其效用不仅受到绩效考核是否达标和绩效奖励的影响，还受到相关禀赋的影响。

一、不同项目的政府选择

由于不同项目的内容和政策对象存在差异，所以地方政府实施不同项目时的效用可能并不仅限于达到考核标准和获得奖金。根据中发〔2002〕12 号文，职业培训项目针对的是城镇就业转失业人员和国有企业下岗职工；职业介绍项目针对的是城镇登记失业人员和国有企业下岗职工；小额担保贷款项目针对的是自谋职业和自主创业的下岗失业人员；社会保险补贴项目针对的是各类服务型企业(包括从事商贸、餐饮、服务业企业，国家限制行业除外)新增加岗位新招用国有企业下岗失业人员；公益性岗位项目针对的是有劳动能力和就业愿望的就业困难的下岗失业人员，其中男性 50 周岁以上，女性 40 周岁以上，尤其是由政府投资开发的公益性岗位要优先安排大龄就业困难对象。综上所述，积极就业政策实施过程中，在选择参与者时除了要考虑绩效考核是否达标，还需考虑不同项目针对的人群特征，本书将这一系列关于人群特征的因素统称为相关禀赋。

地方政府在通过不同项目实现两期效用最大化的过程中，对于绩效考核达标、绩效奖励和相关禀赋所带来的效用增加可能会有差异。据此可分为两种情况。第一种是相对于相关禀赋，地方政府给绩效考核达标和绩效奖励赋予更大权重，即绩效考核达标和绩效奖励会使其效用大大提升，地方政府就会选择项目结果较好的个体参加项目，此时产生正向的撇脂效应。典型的项目有小额担保贷款。基于此提出：

假设1：相对于职业介绍项目，小额担保贷款项目实施过程中存在正向撇脂效应。

第二种也是相对于绩效考核达标和绩效奖励，地方政府赋予相关禀赋更大权重。比如在相关禀赋中更注重对收入水平较低的弱势群体的帮助，若帮助这些较低收入的个体参加项目以提升收入水平会给地方政府带来更多的效用，地方政府就会选择项目结果较差的个体参加项目，此时就会产生负向的撇脂效应。典型的项目有职业培训、社会保险补贴和公益性岗位等。基于此提出：

假设2：相对于职业介绍项目，职业培训、社会保险补贴和公益性岗位等项目更看重对低收入者的帮助，选择收入较低的个体参加项目，会导致负向撇脂效应。

二、不同地区的政府选择差异

不同地区的地方政府在实现两期效用最大化的过程中，对于绩效考核达标、绩效奖励和相关禀赋所带来的效用增加可能会有差异，据此可分为三种情况。第一种是相对于相关禀赋，地方政府给绩效考核达标和绩效奖励赋予更大权重，即绩效考核达标和绩效奖励会使其效用大大提升，地方政府就会选择项目结果较好的个体参加项目，此时则产生正向的撇脂效应。第二种是地方政府不考虑绩效考核、绩效奖励，并且极端地认为每个失业者应该享有公平参加项目的机会(即每个人参加项目是随机选择)，此时则不存在撇脂效应。第三种是相对于绩效考核达标和绩效奖励，地方政府给相关禀赋赋予更大权重，比如在相关禀赋中更注重对收入水平较低的弱势群体的帮助，若帮助这些较低收入个体参加项目以提升收入水平会给地方政府带来更多的效用，地方政府就会选择项目结果较差的个体参加项目，此时就会产生负向的撇脂效应。综上所述，将参与者的相关禀赋加入地方政府的绩效考核标准中会进一步减弱正向撇脂效应。基于以上分析，本书提出：

假设3：相对于相关禀赋，地方政府更看重绩效考核和绩效奖励，会选择参加项目后收入较高的个体参加项目，导致正向撇脂效应。

假设4：相对于绩效考核和绩效奖励，地方政府更看重申请者参加项目的公平性，并实行随机选择机制，这将不会导致撇脂效应。

假设5：相对于绩效考核和绩效奖励，地方政府更看重对低收入者的就业帮助，选择收入较低的个体参加项目，会导致负向撇脂效应。

第四节　最佳分配方式与目标定位系统

作为对积极就业政策进行全面评估的基础，对实践中积极就业项目平均处理效应的估计功不可没。积极就业政策的有效性不仅取决于积极就业项目效果本身，还取决于积极就业项目的分配方式，即具有不同个体特征的积极就业项目申请者能被分配到哪些项目的最终参与名单内(包括“不参与项目”的个体①)。一个理想的分配方式，能通过合理化分配个体到扩大的积极就业项目中以使整体绩效最大化。因此，改进参与者对积极就业项目的选择过程可能会导致整体有效性的大幅提升。然而，改变选择过程对政策有效性的提升程度，取决于个体在参与积极就业项目过程中的处理效应的异质性。具体而言，如果处理效应对所有个体都是相同的，那么最佳分配方式对每个个体都是一样的，所有个体都应该参加预期潜在结果最好的项目。② 然而，如果处理效应是异质性的，最佳分配方式可能

① 对于这些个体而言，无论他们参与哪种积极就业项目，成本都大于收益，故将他们排除在参与名单外是最佳选择。

② 如果一般均衡效应影响了潜在的结果，或者项目的名额限制了某些积极就业项目参与者的数量，那么将个体分配到各个项目中去可能是更好的。此时，具体哪些人被分配到哪些项目中并不重要。

在个人之间有所不同，那么积极就业政策的有效性取决于个体对项目的分配。某些人可能从某一个特定的积极就业项目中获利，但是另一些人的福利则可能因这一项目有所损失，原因可能是他们承受着巨大的机会成本。负向的平均处理效应不一定表示积极就业项目有缺陷，可能是参与者对项目无效选择的结果，背后原因可能是政府选择中存在的撇脂效应(李锐等，2018)阻碍了个体的理性选择。出于对全部群体和不同细分群体的平均处理效应的估计，可能对于指导个体在积极就业项目中的选择行为和为改进积极就业政策制定建设性建议没有什么用，所以，笔者认为还需要对个体处理效应的异质性进行详细分析。

大多数积极就业项目的评估研究除了进行广泛的分组分析外，并没有分析个体之间的异质性，即分别估计男性、女性或不同年龄组的平均效应(Manski，2003，2001)。例如，在 Friedlander 等(1997)对社会项目评估的调查中，分别考虑了不同性别、不同年龄和不同种族的处理效应，但没有考虑作进一步细分。尽管如此，那些针对异质性反应的研究通常会发现支持性的证据。Heckman 等(1997)测试并拒绝了工作训练伙伴法案(job-training-partnership-act，JTPA)项目的恒定处理效应假设。① 另外，Black 等(1999)、Gerfin 和 Lechner(2002)以及 Manski(2003)都发现了处理效应的异质性问题。

为了充分考虑个体效应的异质性，必须在个体基础上研究最佳项目选择。如果项目选择是完全去中心化的，所有人都在理性预期的基础上自我选择进入项目，那么最佳分配就会自动出现。这是许多经济模型的基础，包括 Roy 模型(Roy，1951)。Roy 分析了工会地位的决定因素，在他的模型中，个体预测他们在工会和非工会部门的潜在收入，并选择进入更合适的工作岗位。然而，在许多情况下，个体对其参与积极就业项目的潜在结果形成理性预期的假设是一个过强假设。此外，个体最终是否能参与到某个积极就业项目中往往受到负责的政府工作者、行政指令或项目供给限制的影响。

然而，即使每个个体都知道自己参与积极就业项目的潜在结果，并能在扩大的积极就业项目中自由决定，只有当所有的收益和成本都归属于个体并由他们自

① 他们模拟了与观察到的 Y_{0i} 和 Y_{1i} 的边际分布一致的联合概率分布，给这些分布附加了相等的概率，并检验了共同效应假设 $\text{Var}[Y_{0i}-Y_{1i}]=0$。

己承担时，才会产生最佳分配。财政支付转移通常有多种形式，例如公共补贴或者向参与者免费提供积极就业项目。结果变量至少是有两方面的，包括收益和成本。成本包括项目的直接成本和机会成本，如参与项目的时间。个人和政策管理部门对这些成本的评价是不同的，这取决于谁在承担这些成本。此外，作为政策管理部门的代理人的政府工作者可能在项目选择决策中相互影响，并在一定程度上遵循他们自己的偏好和收益。通常没有什么理由认为当前所观察到的项目分配是最佳的，因此，通过干预以改善项目选择过程可能是值得的。

先来考虑一维结果变量的情况，即只包含收益部分而没有包含成本部分。Manski(2003，2001)通过分析一个计划者如何将个体分配到项目中，从规范的角度研究了最佳分配方式。该计划者寻求将个体分配到项目中，从而使社会福利最大化。由于计划者只能根据可观测特征 X_i 对个体进行区分，所以计划分配将是一个从 X_i 到可选择的处理方式 $\{0, \cdots, J-1\}$ 的映射。Manski 研究发现，如果计划者的目的是使福利最大化，那么最佳分配方式就是，在具有个体可观测特征的条件下将个体分配到预期结果最好的项目中。① 由于条件性预期结果 $E[Y_{ij} | X_i]$ 是未知的，所以分配方式必须是基于对 $E[Y_{ij} | X_i]$ 的估计，这就导致了统计处理规则的产生。②

为分析特定统计处理规则的最优性，Manski(2003)比较了两种极点规则——无条件的和有条件的分配规则。无条件的分配规则忽略了协变量信息，将所有个体分配到预期结果 $E[Y_{ij}]$ 最好的项目中。有条件的分配规则根据个体的协变量对他们进行区分，并将他们分配到条件性预期结果 $E[Y_{ij} | X_i]$ 最好的项目中。由于在有限样本中，有条件的估计不如无条件的估计精确，所以有条件的分配规则带来的风险是：由于巨大的估计误差，个体最终的分配结果可能比他们都被分配到同一积极就业项目的结果更差。Manski 认为，即使在相当小的样本量下，有条件的分配规则也优于无条件的分配规则，他建议充分使用协变量信息。

Dehejia(2005)从不同的角度分析了二元处理框架($J=2$)中个体的处理选择

① 在供给限制(积极就业项目参与名额有限)的情况下，情况变得更加复杂。这里没有进一步考虑这个问题，而是假设一种分配方式的可行性不取决于有多少个体被分配到这种扩大的项目中。

② 关于统计处理规则(statistical treatment rules，STR)的早期参考资料，参见 Wald(1950)。

问题。在贝叶斯方法中，他利用美国“独立大道”计划(Greater Avenues for Independence，GAIN)的实验数据，对决策情况中的不确定性进行了参数化建模，并寻找个体在参与和不参与积极就业项目之间的一阶随机支配关系。然而，他的方法似乎更难扩展到多重处理($J > 2$)和多维结果变量的情况中，即在积极就业项目扩面过程中将新加入的个体分配到不同的扩面项目中的情况。

多维结果变量之间是相关的，因为大多数政策被设想为追求多个可能相互冲突的目标，例如，以较低成本获得高额收益。此外，类似的结果可能被赋予不同的价值。例如，基于永久合同的再就业可能比基于定期合同的再就业价值更高(Brodaty 等，2001)。为了考虑多个目标，潜在的结果可以是向量 $Y_{ij} \in J^V$ ，每个向量由 V 个不同的指标组成，除了经济和货币指标，还可能包括健康、社会和心理指标等。令 $u(\cdot)$ ：$J^V \to J$ 是一个已知的效用函数，这个效用函数根据不同政策目标的相对重要性对这些不同的指标进行加权。

为了使积极就业政策的整体效果最大化，每个个体都应该被分配到效用最大的项目中。由于无法推断出任何特定个体的异质性潜在结果，统计处理规则应该基于个体的可观测特征 $X_i \in J^k$。因此，为了使预期的目标加权效用最大化，每个具有特征X_i 的人都应该被分配到他的最佳项目$j^*(X_i)$ 中，其中：

$$\begin{aligned} j^*(X_i) &= \underset{j \in \{0, \cdots, R-1\}}{\operatorname{argmax}} E[u(Y_{ij}) \mid X_i = x] \\ &= \underset{j \in \{0, \cdots, J-1\}}{\operatorname{argmax}} u(E[Y_{ij} \mid X_i = x]) \end{aligned} \tag{3-7}$$

如果 $u(\cdot)$ 是一个对积极就业政策不同目标加权的线性效用函数，那么估计的最佳项目$\hat{j}^*(X_i)$ 是在目标加权的条件下潜在结果最好的项目。其中，潜在结果 $E[Y_{ij} \mid X_i = x]$ 是将每个个体分别分配到每个项目 j，估计出每个个体参加项目 j 时的平均结果。

估计出每个个体的条件性预期潜在结果$E[Y_{ij} \mid X_i = x]$ 是得出个体最佳分配方案建议的核心。只要潜在结果Y_{ij} 和X_i 之间的关系对未来的项目参与者仍然有效，即，这种关系不会随着时间的推移而产生变化，这些都可以从对过去的项目参与者的观察中进行估计。如果有实验数据，$E[Y_{ij} \mid X_i = x]$ 将可直接进行估计(非参数估计)。然而，如果以前的项目参与者并不是被随机分配到这些项目中，此时必须考虑选择性偏误。为了避免选择性偏误，Manski(1997)在单调性或凹陷性等弱假设下，推导出个体处理效应的界限，并表明在特定情况下，这些界限可能有足够的信息来确定特定群体的项目分配方案。然而，在多维结果变量的情况下，在有多种分配方案可供选择的情况下(如果 $J > 2$)，对许多人来说，不太可能得出有参考价值的界限。

作为一种选择，$E[Y_{ij} | X_i = x]$ 可以通过条件独立假设($Y_{ij} \perp D | X_i$, $\forall j$)来确定，但这需要更多的信息数据。特别是，所有影响参与者做参与决定的变量和影响潜在结果的变量都必须包括在 X_i 中。这个条件独立假设也是现有统计分配系统的基础。

澳大利亚、加拿大、荷兰和美国已经采用了有统计学辅助的计划分配系统，将失业者分配到积极就业项目中，如求职援助、培训和就业计划，并将福利领取者分配到工作福利计划中(Eberts，1997)。这些系统可以大致分为目标定位系统和特征分析系统。

目标定位系统试图以个体为单位估计参与不同积极就业项目的处理效应，并将每个个体分配到处理效应最大的项目中。现有的目标定位系统，即加拿大的服务和结果测量系统(SOMS)和美国的前线决策支持系统(FDSS)，都是简化的参数化模型，基于许多变量和交互项的单一回归。尽管完全参数化的单一回归技术掩盖了潜在结果的框架的不足，该方法是在条件独立假设成立的情况下，对条件预期潜在结果的估计。Wandner(2002)认为目标选择是一个选择和分配的过程，在这个过程中，从众多的合格客户中选出有限的参与者。

由于没有结构化的统计模型的帮助，选择项目参与者的过程是非正式的。非正式的目标选择可以有多种形式。地方一级遵循的程序取决于预算和行政条件，以及劳动力发展系统中一线工作人员可用的信息和评估工具。这种非正式的目标选择可能导致先申请的人获得参加项目的权利。这可能是通过购买服务，然后寻找客户来填补可用的空位。它也可以通过积极的外展过程来完成，如使用快速反应小组，在大型公共知名企业的裁员发生之前为未来的失业工人服务。非正式的目标定位经常是周期性的、季节性的，并受资金周期的驱动。而正规的目标选择是指就业中心的一线工作人员使用基于先前分析的服务接受和再就业成功模式的目标选择工具。这种基于统计数据的工具可以为一线工作人员提供指导，从而获得更好的劳动力市场结果。经济合作与发展组织(OECD，1998)认为，使用统计分析方法的目标定位是一种可广泛应用于工业国家劳动力发展的方法。

特征分析系统操作可简单分为两步，首先识别有长期失业风险的个体，其次将他们转介绍到各种积极就业项目中。特征分析系统不是基于反事实分析，它不是估计所有可用项目分配下的个人潜在结果，而是只估计不参与项目的个人潜在结果。这种估计的结果被称为分析得分(或风险指数)，它表明了参与项目的“潜在成本”，分析得分最高的个体接受时间安排最密集(或最昂贵)的积极就业项目。在积极就业政策的背景下，通常根据成为长期失业者的概率来进行分析。预期失业时间最长的失业者被优先分配到时间安排更密集的积极就业项目中。目标选择和特征分析之间的区别在于，目标选择的依据是对不参加项目和参加项目的失业者的预期失业持续时间的估计，而特征分析系统只根据不参加项目的预期失业持续时间分配个体。

因此，特征分析是一种选择最佳分配方式的间接方法，它建立在特征分析得分与个体处理效应之间存在强烈正相关的假设之上。如果特征分析得分与个体处理效应之间存在这种密切关系，那么，对特征分析得分的估计比对潜在结果的估计更精确，特征分析可能是分配参与者的一种简便方法。然而，处理效应通常不太可能随着特征分析得分的增加而单调增长。例如，Berger 等(2001)以及 Black 等(2004)在分析美国的工人特征时发现，处于特征分析分数中间范围的个体从失业保险(unemployment insurance，UI)项目中受益最多。对于长期失业风险较高的失业者来说，处理效应甚至变成了负数。如果有各种不同的、异质的项目($J > 2$)，或必须考虑到多维的结果变量时，特征分析的表现可能会更差。

特征分析系统的实施常常是基于公平的考虑(Fraser，1999)。例如，在对潜在的长期失业者进行特征分析时，有学者认为这些人的情况最糟糕，应该有合适的积极就业项目来改善他们的状况。然而，如果处理效应是负面的，即表明参加项目对参加者有负面影响的，那么这个论点就是矛盾的。此外，Berger 等(2001)在一个搜索理论模型中对潜在的长期失业和个体福利之间存在负相关关系的基本前提提出了异议。

综上，特征分析方法从根本上说是有缺陷的，因为模型往往是特定的，并且依赖于不同的参数选择，解释变量很少。例如，美国宾夕法尼亚州的特征分析系统只依靠 8 个解释变量来预测长期失业风险,① 甚至不包含法律所禁止的种族、年龄和性别(O'Leary 等，1998)。因此，这些分析系统预测失业持续时间的能力往往非常弱(Berger 等，2001)。相比之下，目标定位系统则更有前景。然而，现有的系统(SOMS，FDSS)也存在一些缺点，比如，它们是基于完全参数化的模型，对函数形式的设定可能不够全面。

① 更准确地说，是用尽最长失业救济期的概率。

第四章　积极就业政策中不同项目的政府选择与撇脂效应研究

为了探究中国积极就业政策实施过程中政府如何选择项目参与者，在选择不同项目的参与者时是否存在差异，产生差异的原因是什么，本章运用世界银行调查数据，通过构建反事实分析框架，对政策实施强度作 Box-Cox 变换，构造工具变量，测度积极就业政策中职业培训、小额担保贷款、社会保险补贴和公益性岗位项目的撇脂效应并对项目效果进行研究。

第一节　不同项目中政府选择与撇脂效应的研究设计

一、数据来源与变量选择

本书使用的微观数据来源于 2008 年世界银行关于我国积极就业项目的抽样调查，采用多阶段分层抽样及系统抽样，抽样对象为参加积极就业项目的全体人员。第一阶段，在东、中、西部地区，经济水平发达、中等、落后的划分标准抽取 9 个省(自治区)；第二阶段，按经济水平发达、中等、落后的划分标准从每个省份中抽取 3 个城市，共 27 个城市；第三阶段，从每个城市中享受积极就业政策的名单中抽取个体样本。该调查覆盖了河南省、新疆维吾尔自治区、安徽省、云南省、山东省、湖北省、陕西省、江苏省和黑龙江省 9 省(自治区)27 市。经过筛选后，符合本章研究的样本为 6705 个。宏观数据来自 2006 年各省(市)统计年鉴和各地方财政调查数据。

本章的变量包括三类，分别是被解释变量、解释变量和工具变量。被解释变量是收入对数，采用的是受访者参与项目后第一份工作的年收入，包括工资和奖金、津贴和补贴。核心解释变量是个体是否参加提高个人生产力项目。按照积极就业政策中不同项目对促进就业的方式的差别，分为两类，一类是改善个人求职匹配过程的项目，另一类是提高个人生产力的项目（Crépon 和 Van den Berg，2016）。具体来说，前者包括职业介绍项目，后者包括职业培训、小额担保贷款、社会保险补贴和公益性岗位项目。因为职业介绍项目相对于其他项目并不会直接给予参与者资金或者提升自我能力，相对成本较低、时间较短，对参与者的影响较小，故将参与职业介绍项目的群体表示为未参与项目者，作为控制组（职业介绍项目即控制组项目）；将参加职业培训、小额担保贷款、社会保险补贴和公益性岗位四个项目中的任意一个项目的群体表示为参与项目者，作为处理组（上述四个项目即处理组项目）。本章研究的是提高个人生产力的项目与职业介绍项目的相对效果。其余解释变量包括微观和宏观特征变量。微观特征变量包括民族（汉族=1）、性别（男性=1）、户籍类型（城镇=1）、受教育水平、健康状况、政治身份（共产党员=1）、工作单位所在地、工作经验、家庭规模及家庭负担。宏观特征变量包括失业率、GDP 增长率、积极就业资金增长率，相关变量的具体含义见表 4-1。

本章选择的工具变量是各项目的实施强度，具体为各地方政府用于积极就业项目 j 的资金除以各地方登记失业人数的结果。其中，$j = 1, 2, 3, 4, 5$ 分别代表职业培训、职业介绍、小额担保贷款、社会保险补贴和公益性岗位项目。一方面，地方政府对各项目的实施强度由政府资金分配决定，对于个体来说是外生的因素，不会直接影响个体的收入。另一方面，各项目的实施强度会影响政府的选择，实施强度越大，个体越可能被选择参加，满足工具变量与内生变量的相关性。Frölich 和 Lechner（2010）使用积极就业政策实施强度作为工具变量估计了积极就业政策对相关人群后续就业和收入的影响。本书中为解决弱工具变量的问题，通过对项目的实施强度进行 Box-Cox 变换来构造工具变量。

表 4-1　变量及其含义

	变量名	取值及含义
被解释变量	收入对数	参加项目后第一份工作的年收入取对数
控制变量	项目参与指示变量(D)	提高个人生产力项目=1，职业介绍项目=0
	民族	汉族=1，非汉族=0
	性别	男性=1，女性=0
	户籍类型	城市=1，农村=0
	受教育水平	接受教育年限
	健康状况	非常差=1，差=2，正常=3，好=4，非常好=5
	政治身份	共产党员=1，非共产党员=0
	工作单位所在地	地级市及以上=1，县城及以下=0
	工作经验	参加工作时间(年)
	家庭规模	家庭总人数
	家庭负担	家庭总支出取对数
	失业率(%)	2005 年城镇登记失业率
	GDP 增长率(%)	2005 年 GDP 对数增长率
	就业资金增长率(%)	2005 年积极就业政策支出资金的对数增长率
工具变量	项目实施强度	各地方政府用于积极就业项目 j 的资金/各地方登记失业人数

二、描述性统计分析

表 4-2 是微观数据的描述性统计结果。从参与者参加项目前后的收入来看，所有项目的参与者在参加项目后的平均收入都高于参加项目前的平均收入，也就意味着职业介绍、职业培训、小额担保贷款、社会保险补贴和公益性岗位项目均能提高项目参与者的平均收入水平。根据各项目的参与者参加项目前后收入的对比发现，职业介绍项目的参与者在参加该项目后平均收入增加了 1.53%，① 职业

① 本书涉及的收入经过对数变换，在这里收入增加的百分比的计算公式为：$e^{\ln\frac{项目后收入}{项目前收入}}-1$，类似地，可计算其他项目参与者平均收入增加的百分比。

培训项目的参与者在参加该项目后平均收入增加了 2. 75%，小额担保贷款项目的参与者在参加该项目后平均收入增加了 9. 72%，社会保险补贴项目的参与者在参加该项目后平均收入增加了 1. 76%，公益性岗位项目的参与者在参加该项目后平均收入增加了 2. 11%。总体而言，相比于职业介绍项目，提高个人生产力的项目对参与者的平均收入水平提升更大。

表 4-2　描述性统计表

变量名	职业介绍	职业培训	小额担保贷款	社会保险补贴	公益性岗位
参加项目前收入	8. 771	8. 849	10. 70	8. 642	8. 581
参加项目后收入	8. 905	9. 092	11. 74	8. 794	8. 762
民族	0. 959	0. 952	0. 963	0. 950	0. 945
性别	0. 343	0. 393	0. 532	0. 243	0. 339
户籍类型	0. 916	0. 751	0. 954	0. 965	0. 940
受教育水平	11. 14	10. 94	11. 11	10. 43	10. 36
健康状况	4. 004	4. 085	4. 118	3. 613	3. 675
政治身份	0. 0912	0. 100	0. 177	0. 115	0. 129
工作单位所在地	0. 956	0. 921	0. 952	0. 976	0. 945
工作经验	21. 03	18. 29	24. 25	27. 44	26. 90
年龄	35. 17	38. 17	41. 36	43. 92	43. 25
家庭规模	3. 406	3. 527	3. 320	3. 176	3. 221
家庭负担	9. 370	9. 403	9. 531	9. 320	9. 323
样本量	874	979	974	1287	1289

从各个项目的参与者特征来看，所有项目都是以汉族、拥有城市户籍和非共产党员的参与者为主。各项目的汉族参与者占比均在 95%左右；拥有城市户籍的参与者，除了在职业培训项目中的占比为 75%外，在其他项目中的占比均在 90%以上；各项目中非共产党员的占比均在 90%左右。各个项目中参与者的平均受教育年限都大于 10 年，平均年龄均在 35 岁以上，平均家庭人数均在 3~4 人。另外，各项目中参与者特征也存在一些差异。小额担保贷款项目参与者中男性占比为 53%，而其他项目参与者中男性占比均不到 40%；从参与者自我评价的健康状况来看，社会保险补贴和公益性岗位项目的参与者比另外三个项目的参与者更

差；从参与者的平均受教育水平来看，职业介绍和小额担保贷款项目比其他项目的参与者更高；从参与者的平均年龄来看，职业介绍和职业培训项目的参与者比另外三个项目的参与者更年轻。

三、模型设定

（一）选择模型

本书通过罗伊模型研究地方政府的决策过程。个体 i 是否参加项目由地方政府根据个体特征决定。因此，借鉴 Brand 和 Xie(2010) 的处理方式，用 D_i^* 表示个体 i 参加项目的潜在可能性，个体 i 是否参加项目由潜在变量 D_i^* 决定：

$$D_i^* = \alpha Z_i - V_i \tag{4-1}$$

其中，Z_i 表示影响政府选择的个体的可观测特征变量，αZ_i 可理解为个体参加项目时政府的潜在收益，αZ_i 越大则个体参加项目的潜在可能性就越大；V_i 表示影响政府选择的个体的不可观测特征变量，可理解为个体参加项目时政府的潜在成本，V_i 越大则个体参加项目的潜在可能性就越小，假定 $V_i \sim N(0, \sigma_V^2)$。

用 D_i 表示观察结果，通过阈值测量模型将 D_i^* 和 D_i 联系起来：

$$D_i = \begin{cases} 1, & D_i^* > 0 \\ 0, & D_i^* \leqslant 0 \end{cases} \tag{4-2}$$

其中，$D_i = 0$ 表示不参加项目，$D_i = 1$ 表示参加项目。对于每个个体 i 都只能观察到 $D_i = 0$ 或者 $D_i = 1$ 两种状态中的一种，个体 i 要么不参加项目，要么参加项目。

（二）结果模型

对于每个个体 i 都有两种潜在收入①Y_{0i} 和 Y_{1i}，Y_{0i} 表示不参加项目时的项目结果，Y_{1i} 表示参加项目时的项目结果。根据 Heckman(2006)，将个体参加项目和不参加项目的潜在项目结果表示为：

$$Y_{0i} = \alpha_0 + \beta_0 X_i + U_{0i} \tag{4-3}$$

① 本章实证部分所说的收入均为收入取对数后的结果。

$$Y_{1i}=\alpha_1+\beta_1 X_i+U_{1i} \tag{4-4}$$

其中，X_i 表示影响个体收入的可观测特征变量，包括受教育水平、工作经验及工作经验的平方等。U_{0i} 和 U_{1i} 为随机扰动项，假设 $U_{0i} \sim N(0, \sigma_{U_0}^2)$，$U_{1i} \sim N(0, \sigma_{U_1}^2)$。

相应地，根据式(4-3)和式(4-4)，每个个体都有一个 $\Delta_i=Y_{1i}-Y_{0i}$，Δ_i 表示相比于不参加项目，个体 i 参加项目的效果。对于同一个体在同一时间只能观测到两种结果中的一种，要么是参加项目的项目结果 Y_{1i}，要么是不参加项目的项目结果 Y_{0i}，所以就无法估计项目效果 Δ_i。若要估计 Δ_i，则需要对反事实情况下的项目结果进行合理的估计。

(三)各种处理效应

为解决上述问题，本章借鉴 Heckman 等(2006)、Brinch 等(2017)、Kowalski(2016)和 Gong 等(2020)的 MTE 方法估计每个个体反事实的项目结果，并测算其相对项目效果，充分考虑了相对项目效果的个体异质性。

在此将个体 i 参加项目的概率或倾向得分记为 $P(Z_i)=\Pr(D_i=1 \mid Z_i)=\alpha Z_i$，选择模型可表示为：

$$D_i=1[P(Z_i)>V_i] \tag{4-5}$$

式(4-5)表示如果个体 i 参加项目的潜在收益大于潜在成本，则会被选择参加项目；如果个体 i 参加项目的潜在收益小于潜在成本，则不会被选择参加项目；如果个体 i 参加项目的潜在收益等于潜在成本，则参不参加项目是无所谓的。这里的 Z 变量包含 X 的部分变量或者全部变量，同时也包含 X 以外的变量，即排除性的变量，工具变量(IV)就是其中的一种。在给定 X 的条件下，Z 与 (U_{oi}, U_{1i}, V_i) 是相互独立的，即 $(U_{oi}, U_{1i}, V_i) \perp Z \mid X$。并且假定 U_{oi}，U_{1i}，V_i 服从联合正态分布，即 $(U_0, U_1, V) \sim N(0, \Sigma)$。

根据 Heckman 等(2006)、Brinch 等(2017)、Kowalski(2016)和 Gong 等(2020)，将 MTE 定义为潜在收益等于潜在成本($P(Z_i)=U_{Di}$)时，个体 i 参加项目相对于不参加项目的项目结果的增加值，即：

$$\begin{aligned}\text{MTE}&=E(Y_{1i}-Y_{0i} \mid X_i, Z_i, P(Z_i)=V_i)\\&=(\alpha_1+\beta_1 X_i)-(\alpha_0+\beta_0 X_i)+K(P(Z_i))\end{aligned} \tag{4-6}$$

其中 $K(P(Z_i)) = E(U_{1i} - U_{0i} \mid P(Z_i) = V_i) = E(U_{1i} \mid Z_i, D_i = 1) - E(U_{0i} \mid Z_i, D_i = 0)$。现在问题的重点就转换为如何求 $E(U_{0i} \mid Z_i, D_i = 0)$ 和 $E(U_{1i} \mid Z_i, D_i = 1)$，只要求出这二者的值即可求出 MTE。

要估计MTE，具体包括以下三个步骤。第一步，通过可观测特征变量Z_i 预测个体 i 参加项目的概率为：

$$P(Z_i) = \Pr(D_i = 1 \mid Z_i) = \Pr\left(\frac{V_i}{\sigma_V} < \frac{\alpha Z_i}{\sigma_V}\right) = \Phi\left(\frac{\alpha Z_i}{\sigma_V}\right) \tag{4-7}$$

其中，$\frac{\alpha Z_i}{\sigma_V} = \Phi^{-1}(P(Z_i))$。

第二步，估计出个体i参加项目和不参加项目的收入。当个体i参加项目时，所获收入的条件期望可表示为：

$$E(Y_{1i} \mid X_i, Z_i, D_i = 1) = \alpha_{1i} + \beta_1 X_i + E(U_{1i} \mid Z_i, D_i = 1) \tag{4-8}$$

又因为$U_{1i} \sim N(0, \sigma_{U_1}^2)$，故 $E(U_{1i} \mid Z_i, D_i = 1)$ 可写为：

$$\begin{aligned} E(U_{1i} \mid Z_i, D_i = 1) &= E(U_{1i} \mid Z_i, U_{Di} < \alpha Z_i) \\ &= \rho_1 E\left(\frac{V_i}{\sigma_V} \middle| \frac{V_i}{\sigma_V} < \frac{\alpha Z_i}{\sigma_V}\right) \\ &= \rho_1 \left(- \frac{\phi\left(\frac{\alpha Z_i}{\sigma_V}\right)}{\Phi\left(\frac{\alpha Z_i}{\sigma_V}\right)} \right) \end{aligned} \tag{4-9}$$

其中，ρ_1 表示U_{1i} 和V_i 的相关系数；$\Phi(\cdot)$ 表示标准正态分布累积概率函数，$\Phi\left(\frac{\alpha Z_i}{\sigma_V}\right)$即为倾向得分 $P(Z_i)$，表示个体 i 参与项目的概率；$\phi(\cdot)$ 为标准正态分布密度函数。因此，个体 i 参加提高个人生产力项目后的收入方程可表示为：

$$\begin{aligned} E(Y_{1i} \mid X_i, Z_i, D_i = 1) &= \alpha_{1i} + \beta_1 X_i + \rho_1 \left(- \frac{\phi\left(\frac{\alpha Z_i}{\sigma_v}\right)}{\Phi\left(\frac{\alpha Z_i}{\sigma_v}\right)} \right) \\ &= \alpha_{1i} + \beta_1 X_i + \rho_1 \left(- \frac{\phi(\Phi^{-1}(P(Z_i)))}{P(Z_i)} \right) \end{aligned}$$

$$= \alpha_{1i} + \beta_1 X_i + \rho_1 \lambda_{1i} \tag{4-10}$$

其中，将收入方程修正项中的 $-\dfrac{\phi(\Phi^{-1}(P(Z_i)))}{P(Z_i)}$ 称为逆米尔斯系数，记为λ_{1i}。

同理，若个体 i 不参加项目，其收入方程可写为：

$$\begin{aligned} E(Y_{0i} \mid X_i,\ Z_i,\ D_i = 0) &= \alpha_{0i} + \beta_0 X_i + E(U_{0i} \mid Z_i,\ D_i = 0) \\ &= \alpha_{0i} + \beta_0 X_i + E(U_{0i} \mid Z_i,\ V_i \geqslant \alpha Z_i) \\ &= \alpha_{0i} + \beta_0 X_i + \rho_0 \left(\frac{\phi\left(\dfrac{\alpha Z_i}{\sigma_v}\right)}{1 - \Phi\left(\dfrac{\alpha Z_i}{\sigma_v}\right)} \right) \\ &= \alpha_{0i} + \beta_0 X_i + \rho_0 \left(\frac{\phi(\Phi^{-1}(P(Z_i)))}{1 - P(Z_i)} \right) \\ &= \alpha_{0i} + \beta_0 X_i + \rho_1 \lambda_{0i} \end{aligned} \tag{4-11}$$

其中，ρ_0 表示U_{0i} 和V_i 的相关系数。将收入方程修正项中的$\dfrac{\phi(\Phi^{-1}(P(Z_i)))}{1 - P(Z_i)}$称为逆米尔斯系数，记为$\lambda_{0i}$。

第三步，计算出 MTE 的值。根据式(4-6) 至式(4-11)，个体 i 的边际处理效应可写为：

$$\begin{aligned} \text{MTE} &= E(Y_{1i} - Y_{0i} \mid X_i,\ Z_i,\ P(Z_i) = V_i) \\ &= E(Y_{1i} \mid X_i,\ Z_i,\ D_i = 1) - E(Y_{0i} \mid X_i,\ Z_i,\ D_i = 0) \end{aligned} \tag{4-12}$$

基于 MTE 的估计值(也是Δ_i 估计值) 与个体参加项目后提高个人生产力的可能性的相关性，可将撇脂效应对项目效果的影响分为四种情况。当 $\text{cov}(D_i,\ Y_{i1}) > 0$ 且 $\text{cov}(\Delta_i,\ D_i) > 0$ 时，政府选择项目结果较好的个体参加项目，与此同时，项目结果较好的个体，其项目效果也较好，正向撇脂效应①促进了项目实施效果；当 $\text{cov}(D_i,\ Y_{i1}) > 0$ 且 $\text{cov}(\Delta_i,\ D_i) < 0$ 时，政府选择项目结果较好的个体参加项目，但是项目结果较好的个体，其项目效果较差，正向撇脂效应降低了项目实施效果；当 $\text{cov}(D_i,\ Y_{i1}) < 0$ 且 $\text{cov}(\Delta_i,\ D_i) > 0$ 时，政府选择项目结果较

① 本书使用 $\text{cov}(D_i,\ Y_{i1}) > 0$ 衡量正向撇脂效应，具体含义为项目结果越好的个体越可能被选择参加项目。

差的个体参加项目，而项目结果较差的个体，其项目效果却较好，负向撇脂效应①促进了项目实施效果；当 $cov(D_i, Y_{i1}) < 0$ 且 $cov(\Delta_i, D_i) < 0$ 时，政府选择项目结果较差的个体参加项目，与此同时，项目结果较差的个体，其项目效果也较差，负向撇脂效应降低了项目实施效果。

第二节　不同项目中政府选择与撇脂效应的实证结果

一、不同项目中撇脂效应的检验

（一）影响个体参加项目的因素

为了分析每个项目是如何选择参与者的，本章使用 Probit 模型估计个体参加项目的概率受到哪些因素的影响。表 4-3 第(1)、(4)、(7)、(10)列分别是职业培训、小额担保贷款、社会保险补贴和公益性岗位的选择模型估计结果。相对于职业介绍项目，职业培训项目更可能选择汉族、男性、农村户籍、受教育水平较低、工作经验较少及家庭负担较重的个体参加。相对于职业介绍项目，小额担保贷款项目更可能选择男性、受教育水平较高、共产党员身份、工作经验较丰富和家庭负担较重的个体参加。相对于职业介绍项目，社会保险补贴项目更可能选择少数民族、女性、城市户籍、受教育水平较高、健康状态较差、工作经验较丰富的个体参加。相对于职业介绍项目，公益性岗位项目更可能选择少数民族、受教育水平较高、工作单位在农村、工作经验较丰富、家庭负担较重的个体参加。

另外，所有项目的政策实施强度(工具变量)对个体选择的影响显著为正，说明相对于职业介绍项目，职业培训、小额担保贷款、社会保险补贴和公益性岗位项目的政策实施强度越强，个体越可能参加这些项目。第一阶段的结果显示 F 值为 94.39、20.67、54.32 和 75.91，均大于 10。从实证上也验证了政策实施强度与个体选择的相关性和弱工具变量假设。值得一提的是，本书最初是直接使用

① 本书使用 $cov(D_i, Y_{i1}) < 0$ 衡量负向撇脂效应，具体含义为项目结果越差的个体越可能被选择参加项目。

政策实施强度的原始数据取对数作为工具变量，但是发现存在弱工具变量的问题。Lal 等(2023)通过复现 2011—2020 年间在三本社会科学领域的顶级期刊(American Political Science Review、American Journal of Political Science、Journal of Politics)上发表的 61 篇论文的结果，发现较大比重的研究没有报告第一阶段 F 统计量的值，且存在弱工具变量问题。既然在这些研究中存在弱工具变量问题，那为什么没有选择更合适的工具变量进行替换呢？可能是找到更合适的工具变量非常困难，要从理论和实证上去满足特定的条件，所以可能退而求其次，只要工具变量满足外生性及其对内生变量的影响显著即可。本章遇到的弱工具变量问题是工具变量与内生解释变量的线性相关性不够，那么考虑到二者的相关性可能不是线性的，是否可以对变量形式进行转换呢？在此，对工具变量进行 Box-Cox 变换，具体变换形式如下：

$$\mathrm{IV}(\lambda)=\begin{cases}\dfrac{\mathrm{IV}^{\lambda}-1}{\lambda}, & \lambda \neq 0 \\ \ln \mathrm{IV}, & \lambda = 0\end{cases} \tag{4-13}$$

通过调试 λ 的不同取值发现，当 $\lambda=0.5$ 时，在职业培训、小额担保贷款、社会保险补贴和公益性岗位项目中，工具变量均显著影响个体选择。最终，以 $\lambda=0.5$ 对衡量政策实施强度的变量进行 Box-Cox 变换，以此作为工具变量。

(二)影响项目参与者收入的因素分析

表 4-3 第(2)、(3)列报告了个体参加职业培训项目(处理组)和控制组项目后的收入方程的估计结果。对于处理组来说，男性和受教育程度较高的个体的工资更高；对于控制组来说，男性、受教育程度较高和自评健康状况较好的个体的工资较高。表 4-3 第(5)、(6)列报告了个体参加小额担保贷款项目(处理组)和控制组项目后的收入方程的估计结果。对于处理组来说，汉族、女性、农村户籍、自评健康状况较好、非共产党员身份的个体参加项目后收入更高；对于控制组来说，汉族、农村户籍、自评健康状况较好、非共产党员身份的个体参加项目后收入更高。表 4-3 第(8)、(9)列报告了个体参加社会保险补贴项目(处理组)和控制组项目后的收入方程的估计结果。对于处理组而言，非汉族、男性、受教育水平较高、共产党员身份的个体参加项目后收入较高；对于控制组而言，非汉族、

表 4-3　影响项目选择和收入的因素

	职业培训			小额担保贷款			社会保险补贴			公益性岗位		
	(1)	(2)	(3)	(4)	(5)	(6)	(7)	(8)	(9)	(10)	(11)	(12)
	选择模型	收入模型		选择模型	收入模型		选择模型	收入模型		选择模型	收入模型	
		处理组	控制组		处理组	控制组		处理组	控制组		处理组	控制组
民族	0.432**	0.0318	0.0292	−0.2010	0.5240**	0.0961*	−0.3550**	−0.0875*	−0.0954*	−0.3970**	−0.1430***	−0.0553
	(0.185)	(0.0748)	(0.0471)	(0.171)	(0.222)	(0.0537)	(0.150)	(0.0450)	(0.0533)	(0.160)	(0.0370)	(0.0515)
性别	0.174**	0.314***	0.130***	0.496***	−0.578***	−0.0856	−0.407***	0.113***	0.00622	−0.0868	−0.0355	0.101***
	(0.0766)	(0.0381)	(0.0313)	(0.0666)	(0.140)	(0.0545)	(0.0746)	(0.0337)	(0.0418)	(0.0715)	(0.0249)	(0.0320)
户籍类型	−0.710***	−0.220***	−0.142**	0.197	−0.408**	−0.122*	0.235*	0.0765	−0.0198	−0.121	−0.206***	−0.0817
	(0.121)	(0.0547)	(0.0663)	(0.140)	(0.176)	(0.0626)	(0.140)	(0.0608)	(0.0578)	(0.125)	(0.0474)	(0.0603)
受教育水平	−0.0556***	0.0257**	0.0220***	0.0441***	−0.0332	0.0046	0.0553***	0.0140**	0.0388***	0.0260*	0.0212***	0.0298***
	(0.0177)	(0.0010)	(0.0076)	(0.0152)	(0.0221)	(0.0088)	(0.0150)	(0.0057)	(0.0078)	(0.0149)	(0.0045)	(0.0076)
自评健康状况:很不好为对照组												
不太好	−0.266	−0.175	0.0279	−0.152	1.131**	0.216*	−0.290	−0.0178	−0.0142	0.0559	0.146	0.0628
	(0.534)	(0.256)	(0.104)	(0.495)	(0.549)	(0.111)	(0.344)	(0.0810)	(0.131)	(0.417)	(0.180)	(0.113)
一般	0.199	0.0667	0.220**	0.163	1.092**	0.240**	−0.431	0.0431	0.102	0.138	0.286	0.228**
	(0.496)	(0.239)	(0.0906)	(0.470)	(0.490)	(0.0946)	(0.327)	(0.0734)	(0.122)	(0.398)	(0.174)	(0.101)
较好	0.240	0.175	0.184**	0.165	1.132**	0.197**	−0.780**	0.0278	−0.0420	−0.163	0.321*	0.146
	(0.495)	(0.237)	(0.0884)	(0.469)	(0.489)	(0.0933)	(0.326)	(0.0799)	(0.129)	(0.398)	(0.174)	(0.0994)

续表

	职业培训			小额担保贷款			社会保险补贴			公益性岗位		
	(1)	(2)	(3)	(4)	(5)	(6)	(7)	(8)	(9)	(10)	(11)	(12)
	选择模型	收入模型		选择模型	收入模型		选择模型	收入模型		选择模型	收入模型	
		处理组	控制组		处理组	控制组		处理组	控制组		处理组	控制组
很好	0.295	0.161	0.252***	0.454	0.927*	0.135	-0.724**	0.0382	0.0368	-0.188	0.358**	0.203**
	(0.495)	(0.236)	(0.0893)	(0.469)	(0.500)	(0.0976)	(0.328)	(0.0806)	(0.126)	(0.399)	(0.174)	(0.100)
政治身份	0.0538	-0.0585	-0.0983**	0.166*	-0.439***	-0.211***	0.102	0.106***	-0.0748	0.101	0.0904***	-0.0856*
	(0.123)	(0.0553)	(0.0471)	(0.0951)	(0.124)	(0.0489)	(0.0997)	(0.0308)	(0.0466)	(0.101)	(0.0298)	(0.0474)
工作单位所在地	0.194	-0.138**	-0.164**	-0.121	0.185	-0.0994	0.275*	-0.118**	-0.127**	-0.291*	-0.290***	-0.226***
	(0.148)	(0.0563)	(0.0679)	(0.157)	(0.204)	(0.0673)	(0.165)	(0.0516)	(0.0643)	(0.151)	(0.0574)	(0.0705)
工作经验	-0.0220*	0.00907	-0.0206***	0.129***	-0.174***	-0.0666***	0.148***	0.0436***	0.00538	0.0859***	0.0120**	-0.0121*
	(0.0133)	(0.0136)	(0.00666)	(0.0139)	(0.0380)	(0.0121)	(0.0170)	(0.0108)	(0.00912)	(0.0143)	(0.00476)	(0.00694)
工作经验的平方	-0.00341	-0.0262	0.0238*	-0.222***	0.297***	0.108***	-0.196***	-0.0835***	0.00114	-0.0850***	-0.00303	0.0229*
	(0.0337)	(0.0401)	(0.0135)	(0.0301)	(0.0677)	(0.0220)	(0.0338)	(0.0180)	(0.0155)	(0.0302)	(0.00930)	(0.0136)
家庭总人数	0.0591	-0.00164	0.00915	-0.0417	-0.00214	0.00883	-0.0226	-0.00126	0.00596	-0.0148	0.00847	0.00433
	(0.0468)	(0.0229)	(0.0151)	(0.0395)	(0.0544)	(0.0149)	(0.0427)	(0.0152)	(0.0150)	(0.0411)	(0.0133)	(0.0150)
有收入人数	0.0393	0.0420	-0.0148	0.0383	-0.0372	-0.0206	-0.0746	-0.0265	-0.0534***	0.0313	0.00723	-0.0185
	(0.0506)	(0.0261)	(0.0187)	(0.0451)	(0.0607)	(0.0188)	(0.0505)	(0.0228)	(0.0205)	(0.0480)	(0.0179)	(0.0188)
失业率	0.229***	0.0214	-0.105***	0.155**	-0.212**	-0.169***	0.145**	-0.0588***	-0.0991***	0.331***	-0.103***	-0.0859***
	(0.0725)	(0.0354)	(0.0260)	(0.0663)	(0.0902)	(0.0292)	(0.0644)	(0.0215)	(0.0254)	(0.0731)	(0.0171)	(0.0270)

续表

	职业培训			小额担保贷款			社会保险补贴			公益性岗位		
	(1)	(2)	(3)	(4)	(5)	(6)	(7)	(8)	(9)	(10)	(11)	(12)
	选择模型	收入模型		选择模型	收入模型		选择模型	收入模型		选择模型	收入模型	
		处理组	控制组		处理组	控制组		处理组	控制组		处理组	控制组
GDP 增长率	-0.0378***	-0.0080**	-0.0049**	-0.0052	0.0359***	0.0011	-0.0144***	-0.0144***	-0.0042**	-0.0227***	0.0002	-0.0036*
	(0.0078)	(0.0038)	(0.0022)	(0.0060)	(0.0057)	(0.0018)	(0.0051)	(0.0025)	(0.0020)	(0.0068)	(0.0016)	(0.0020)
就业资金增长率	-0.0176	-0.0067	-0.0030	-0.0153*	0.132***	0.000787	-0.0250**	-0.0331***	-0.00776*	-0.0194**	0.0010	-0.0041
	(0.0119)	(0.0057)	(0.0045)	(0.0092)	(0.0129)	(0.0046)	(0.0107)	(0.0040)	(0.0045)	(0.0087)	(0.0036)	(0.0045)
家庭负担	0.165***			0.257***			0.0334			0.143***		
	(0.0519)			(0.0469)			(0.0425)			(0.0461)		
政策实施强度	6.403***			0.203**			2.751***			4.386***		
	(0.312)			(0.0902)			(0.386)			(0.255)		
逆米尔斯系数 1		-0.347***			2.213***			-0.423***			-0.534***	
		(0.0441)			(0.404)			(0.0892)			(0.0309)	
逆米尔斯系数 2			-0.177***			0.698***			-0.465***			-0.230***
			(0.0494)			(0.151)			(0.0964)			(0.0600)
常数项	9.999***	8.461***	9.502***	-4.918***	15.41***	9.765***	2.413***	8.314***	9.403***	4.847***	8.634***	9.375***
	(0.940)	(0.321)	(0.224)	(0.783)	(1.384)	(0.236)	(0.857)	(0.235)	(0.222)	(0.828)	(0.217)	(0.218)
样本量	1,826	960	866	1,828	962	866	2,115	1,249	866	2,118	1,252	866

注：***、**和* 分别表示在 1%、5% 和 10%的水平上显著；括号内为稳健标准误。

受教育水平较高的个体参加项目后收入较高。表 4-3 第(11)、(12)列报告了个体参加公益性岗位项目(处理组)和控制组项目的收入方程的估计结果。对于处理组来说，非汉族、农村户籍、受教育水平较高、自评健康状况较好、共产党员身份的个体参加项目后收入较高；对于控制组而言，男性、受教育水平较高、自评健康状况较好、非共产党员身份的个体参加项目后收入较高。

基于收入方程的估计结果，可预测出每个个体参加职业介绍项目(控制组)后的收入(Y_{0i})和参加提高个人生产力项目后的收入(Y_{1i})，MTE = $Y_{1i} - Y_{0i}$，即个体 i 参加提高个人生产力项目与参加职业介绍项目的相对效果。如此一来，每一个个体 i 都有一个不同的 MTE 估计值，充分体现了项目效果的个体异质性。

(三)不同项目中的撇脂效应

表 4-4 列出了积极就业政策中各项目的撇脂效应。职业培训项目中个人倾向得分值与参加项目后收入的相关系数为-0. 4954，且在 1%的水平上显著，说明在职业培训项目实施过程中地方政府更倾向于选择项目结果更差的个体参加，即存在负向撇脂效应。小额担保贷款项目中个人倾向得分与参加项目后收入的相关系数为 0. 1639，在 1%的水平上显著，说明在该项目实施过程中地方政府更倾向于选择项目结果更好的个体参加，即存在正向撇脂效应。社会保险补贴和公益性岗位项目中个人倾向得分与参加项目后收入的相关系数分别为-0. 5329 和-0. 8197，均在 1%的水平上显著，说明在社会保险补贴和公益性岗位项目实施过程中地方政府更倾向于选择项目结果更差的个体参加，即存在负向撇脂效应。

表 4-4　撇脂效应程度

项目	$cov(D_i, Y_{i1})$	$cov(D_i, \Delta_i)$
职业培训	-0. 4954***	-0. 2715***
小额担保贷款	0. 1639***	0. 1304***
社会保险补贴	-0. 5329***	0. 1982***
公益性岗位	-0. 8197***	-0. 2398***

注：***、**和* 分别表示在 1%、5% 和 10%的水平上显著。

图 4-1 拟合了项目参与者的项目结果①与倾向得分的关系。除了小额担保贷款项目外，职业培训、社会保险补贴、公益性岗位项目的参与者在参加项目后的收入与倾向得分的关系均为负，即参加项目的可能性越大的个体，其项目结果越差。说明这些项目的实施者并不是一味追求项目结果最好，而是选择让项目结果较差的个体参加项目。小额担保贷款项目的参与者在参加项目后的收入与倾向得分关系为正，即参加该项目的可能性越大的个体，其项目结果越好。相对于其他项目，小额担保贷款项目所针对的人群是：自谋职业、自主创业或合伙经营与组织起来就业的，但是自筹资金不足的个体。② 这部分人本身具有一定的工作能力，所以小额担保贷款项目能帮助他们筹集到资金，从而进行更高生产率的劳动，如果将小额担保贷款给到一些本身能力不足的个体手里，起到的作用就比较小。

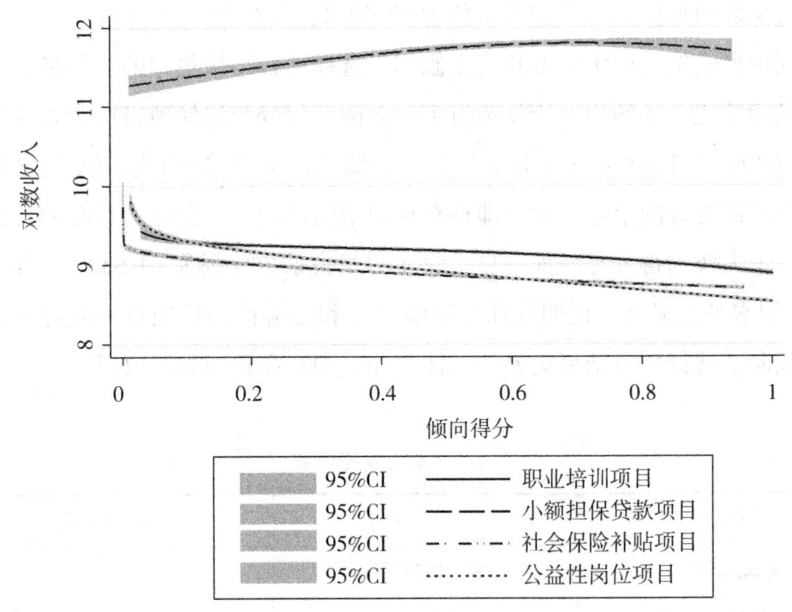

图 4-1　各项目参与者的项目结果与倾向得分的关系

① 将参加项目后的收入称为项目结果。

② 中国人民银行、财政部、国家经贸委、劳动和社会保障部关于印发《下岗失业人员小额担保贷款管理办法》的通知（银发〔2002〕394 号）。

图 4-2 展示了项目参与者的项目效果与倾向得分的关系。总的来看，在所有项目中，项目效果最好的是小额担保贷款项目，其次是职业培训项目，最差的是社会保险补贴项目和公益性岗位项目。其中，小额担保贷款项目给参与者带来的收入增加值，是职业培训项目、社会保险补贴项目和公益性岗位项目的 4 倍至 6 倍。相对于职业介绍项目，越可能参加小额担保贷款和社会保险补贴这两个项目的个体，其参加这两个项目带来的收入提升更大，即更可能参加这两个项目的参与者参加这两个项目的项目效果更好。相对于职业介绍项目，更可能参加职业培训和公益性岗位项目的个体，其参加这两个项目带来的收入提升更小，即更可能参加这两个项目的参与者参加职业介绍项目的项目效果更好。

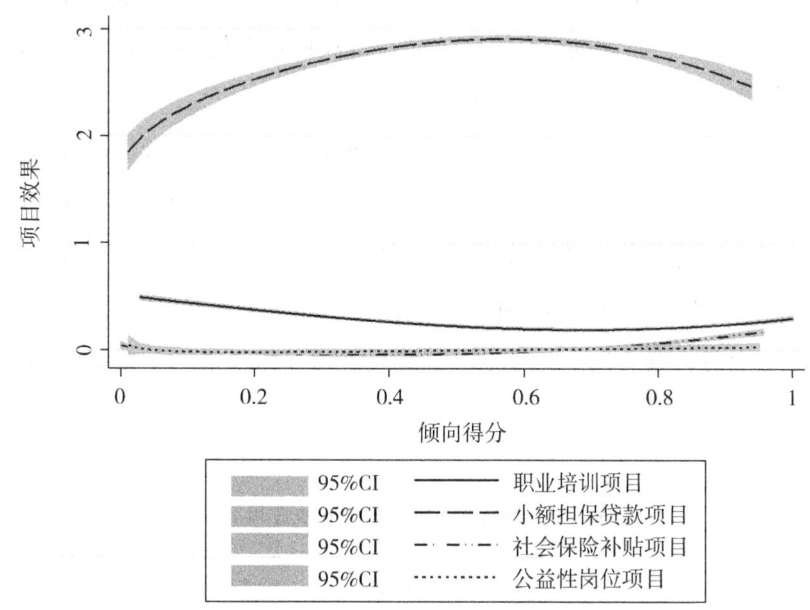

图 4-2　各项目参与者的项目效果与倾向得分的关系

为什么越可能参加职业培训项目和公益性岗位项目的个体，其项目效果越差呢？可能的解释为，对于职业培训项目来说参与者要付出时间成本，其本来可以利用参加培训的时间来寻找合适的工作，并提升自己除了工作技能以外的其他能力，所以培训在短期内带来的收入增加为负，这与已有研究结论比较相似

(Lammers 和 Kok，2021)。公益性岗位项目针对的主要人群是就业困难人员，重点人群是大龄失业人员和零就业家庭人员(财社〔2015〕290 号，财社〔2017〕164 号)，且公益性岗位能提供的工资也是比较低的，所以相对于通过职业介绍项目从事正常就业市场上的劳动，参与者参加公益性岗位项目后的工资可能较低。

二、稳健性分析

(一)替换估计方法

考虑到以上结果均以 U_{oi}，U_{1i}，V_i 服从联合正态分布为假设前提，为了克服这一假设的局限性，本书在此放松联合正态分布假设。使用倾向得分的多项式对收入方程进行修正，以此进行稳健性分析。具体做法是将式(4-10)和式(4-11)中的逆米尔斯系数换为倾向得分的多项式。

基于选择和收入模型可得，职业培训、小额担保贷款、社会保险补贴和公益性岗位四个项目的参与者的倾向得分与项目结果的关系如表 4-5 和图 4-3 所示，参与者的倾向得分与项目效果的关系如表 4-5 和图 4-4 所示。从表 4-5 和图 4-3 中得到的结论与从图 4-1 中得到的结论基本保持一致，从表 4-5 和图 4-4 中得到的结论与从图 4-2 中得到的结论基本保持一致，进一步验证了估计结果的稳健性。

表 4-5　替换估计方法的撇脂效应程度

项目	$\mathrm{cov}(D_i, Y_{i1})$	$\mathrm{cov}(D_i, \Delta_i)$
职业培训	-0.4207^{***}	-0.4085^{***}
小额担保贷款	0.0568^{**}	0.0363
社会保险补贴	-0.3784^{***}	0.3944^{***}
公益性岗位	-0.7735^{***}	-0.4285^{***}

注：*** 、** 和 * 分别表示在 1%、5% 和 10%的水平上显著。

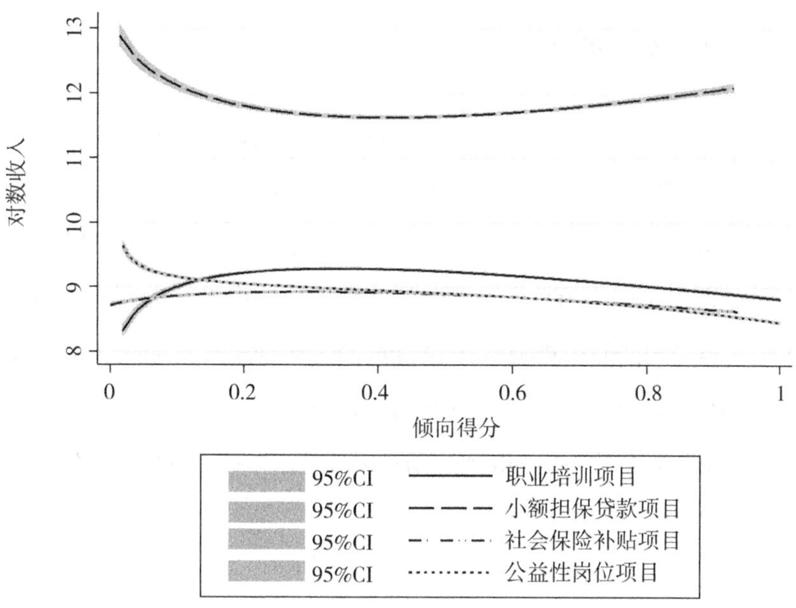

图 4-3　替换估计方法的各项目参与者的项目结果与倾向得分的关系

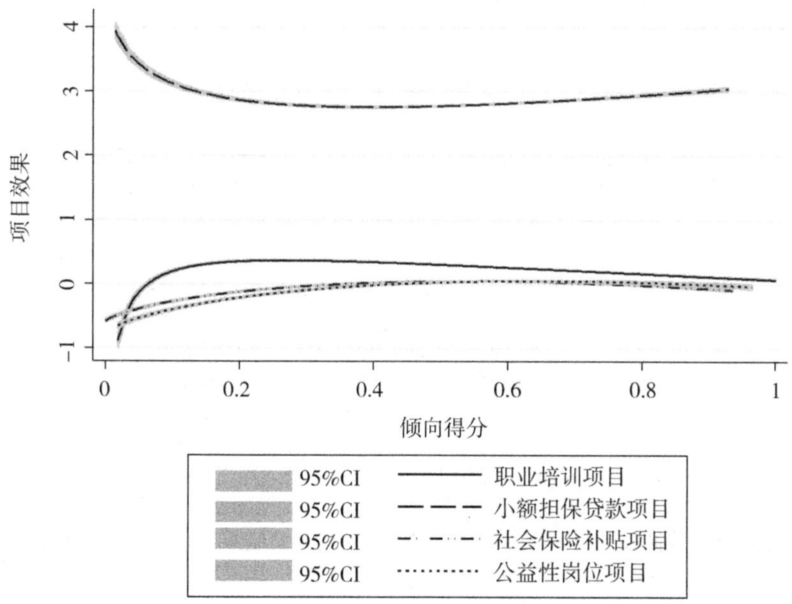

图 4-4　替换估计方法的各项目参与者的项目效果与倾向得分的关系

（二）替换收入的测量指标

考虑到本章第二节第一部分中，使用参加项目后的收入（包括工资、奖金和补贴）作为被解释变量，本章在此使用参加项目后的工资作为被解释变量，以此验证本章第二节第一部分所得结论的稳健性。职业培训、小额担保贷款、社会保险补贴和公益性岗位四个项目的参与者的倾向得分与项目结果的关系如表 4-6 和图 4-5 所示，参与者的倾向得分与项目效果的关系如表 4-6 和图 4-6 所示。从表 4-6 和图 4-5 中得到的结论与从图 4-1 中得到的结论基本保持一致，从表 4-6 和图 4-6 中得到的结论与从图 4-2 中得到的结论基本保持一致，进一步验证了所得结论的稳健性。

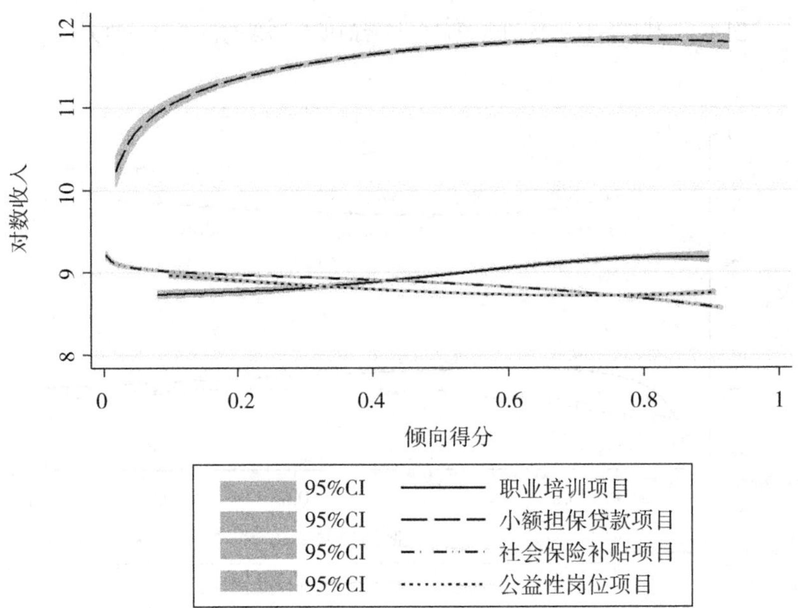

图 4-5　替换收入测度指标的各项目参与者的项目结果与倾向得分的关系

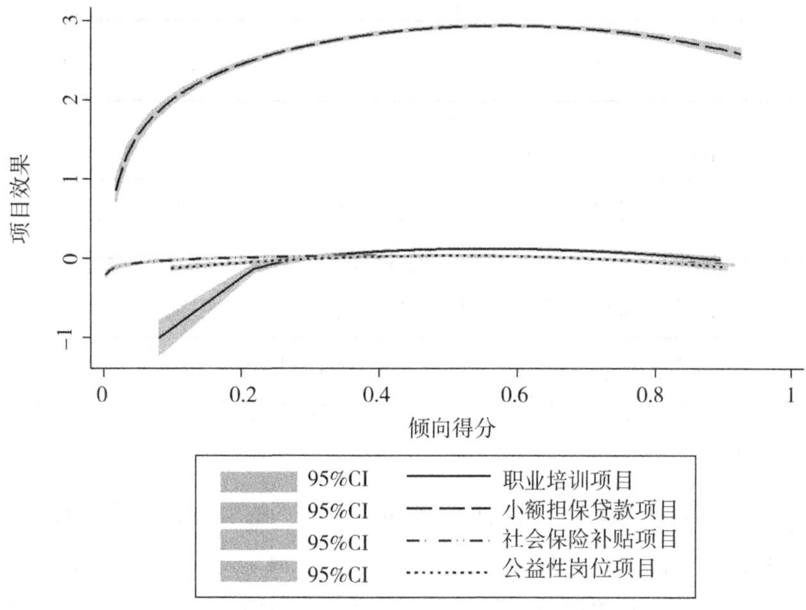

图 4-6　替换收入测度指标的各项目参与者的项目效果与倾向得分的关系

表 4-6　替换收入测度指标的撇脂效应程度

项目	$\text{cov}(D_i, Y_{i1})$	$\text{cov}(D_i, \Delta_i)$
职业培训	0. 4259***	−0. 0160
小额担保贷款	0. 3378***	0. 3190***
社会保险补贴	−0. 7113***	−0. 0117
公益性岗位	−0. 3634***	0. 4431***

注：***、** 和 * 分别表示在 1%、5% 和 10%的水平上显著。

第三节　本 章 小 结

本章基于 2008 年世界银行关于中国积极就业政策的调查数据，通过构建体现个体回报异质性的方法，测度积极就业政策中不同项目的撇脂效应和项目效果，得到如下结论。第一，地方政府在实施小额担保贷款项目时，更倾向于选择项目结果较好的个体参加，存在正向撇脂效应。主要是因为小额担保贷款项目成本较大，并且对参与者的个人能力要求较高，政府不得不选择能够运用好这笔贷款的个体参加该项目。第二，地方政府在实施职业培训、社会保险补贴和公益性岗位项目时，更倾向于选择项目结果较差的个体参加，存在负向撇脂效应。原因在于这些项目在颁布的时候便规定针对的是相对更弱势的就业困难人群。第三，对比不同项目的项目效果发现，小额担保贷款项目的项目效果最大，其次是职业培训项目，效果最小的是社会保险补贴和公益性岗位项目。第四，越可能被选择参加小额担保贷款和社会保险补贴项目的个体，其参加项目带来的收入增长越大，而越可能被选择参加职业培训和公益性岗位项目的个体，其参加项目带来的收入增长越小。

为实现积极就业政策"更高质量和更充分就业"的初衷，提升积极就业政策的实施效率，本章提出以下政策建议。首先，应该减弱小额担保贷款项目实施过程中的撇脂效应。小额担保贷款项目在选择参与者时存在严重的正向撇脂效应，虽然最可能被选择参加该项目的个体项目效果最大，但是被选择参加该项目可能性较小的个体项目效果也比较大，所以在就业状况较差的情况下，可以考虑适当扩大该项目的规模。其次，为提高项目的实施效率，应该针对不同项目的特征，选择合适的项目参与者。对于职业培训项目，应多让项目结果较好的个体参加，其参加项目带来的项目效果要大于项目结果较差的个体。而对于像社会保险补贴和公益性岗位项目等保底型项目，应该继续保持对就业困难者的倾斜，因为就业困难者从项目中获得的收入增加要大于那些非就业困难者。

第五章　积极就业政策中不同区域的政府选择与撇脂效应研究

为加强对政策实施效果的评估，推进以评估为依据的政策改进，及时总结推广政策实施中的好经验好做法，本章主要研究我国积极就业政策中撇脂效应的发生机理，使用合理方法评估撇脂效应的存在性及其影响，为政策制定者提供促进积极就业政策更高效率实施的方案。我国积极就业政策实施过程中地方政府是如何选择参与者的？政府的选择行为是否导致撇脂效应？哪些地区选择过程中存在撇脂效应？撇脂效应的存在是否对项目效果有影响？以上一系列问题目前均未有明确答案，本章试图对以上问题进行解答。另外，现有研究中关于项目效果的评估主要包括两种方式，一种是对参加项目的个体与未参加项目的个体进行比较（Rodríguez-Planas 和 Jacob，2011；Burger 等，2022），另一种是对参加不同项目的个体进行比较（Wunsch 和 Lechner，2008；Stephan 和 Pahnke，2011）。本章的研究属于后一种。

第一节　不同区域的政府选择与撇脂效应的研究设计

一、数据来源与变量选择

本章用于评估我国积极就业政策中撇脂效应和政策效果的微观数据来源于2008年世界银行关于中国积极就业项目的抽样调查，抽样方式为多阶段分层抽样及系统抽样，抽样对象为参加积极就业项目的全体人员。调查样本包括我国东部、中部和西部地区，在每个地区内部又包括发达、中等和落后的省份（自治区），进一步地，在每个省份（自治区）中又分别包括发达、中等、落后的城市。最终该调查覆盖了河南省、新疆维吾尔自治区、安徽省、云南省、山东省、湖北省、陕西省、江苏省和黑龙江省的27个城市。

本章的被解释变量是收入对数，采用的是受访者参与项目后第一份工作的年收入，包括工资和奖金、津贴和补贴。核心解释变量是个体是否参加提高个人生产力项目。本章将参与职业介绍项目的群体表示为未参与项目者，作为控制组；将参与职业培训、小额担保贷款、社会保险补贴和公益性岗位四个项目（能够提高个人生产力的项目）中的任意一个项目的群体表示为参与项目者，作为处理组。本章的被解释变量包括：个体特征，即民族、性别、户籍类型、受教育水平、健康状况、政治身份、工作单位所在地、工作经验、家庭规模及家庭负担；宏观经济特征，即失业率、GDP增长率、就业资金增长率。最后，本章使用的工具变量是各项目的实施强度，具体为各地方政府用于积极就业项目的资金除以各地方登记失业人数的结果。相关变量的具体说明见表5-1。

表5-1 变量说明

	变量名	取值及含义
被解释变量	收入对数	参加项目后第一份工作的年收入取对数
控制变量	项目参与指示变量(D)	提高个人生产力项目=1，职业介绍项目=0
	民族	汉族=1，非汉族=0
	性别	男性=1，女性=0
	户籍类型	城市=1，农村=0
	受教育水平	接受教育年限
	健康状况	非常差=1，差=2，正常=3，好=4，非常好=5
	政治身份	共产党员=1，非共产党员=0
	工作单位所在地	地级市及以上=1，县城及以下=0
	工作经验	参加工作时间（年）
	家庭规模	家庭总人数

续表

	变量名	取值及含义
控制变量	家庭负担	家庭总支出取对数
	失业率(%)	2005 年城镇登记失业率
	GDP 增长率(%)	2005 年 GDP 对数增长率
	就业资金增长率(%)	2005 年积极就业政策支出资金对数增长率
工具变量	项目实施强度	各地方政府用于积极就业项目 j 的资金/各地方登记失业人数

二、描述性统计分析

表 5-2 是微观数据的描述性统计结果。从参加项目前后的平均收入来看，不管是控制组还是处理组，在东部、中部和西部地区参加项目后的平均收入均高于参加项目前的平均收入，也就是说，职业介绍项目和提高个人生产力项目均能提高项目参与者的平均收入。根据控制组与处理组参加项目前后的平均收入来看，在东部、中部和西部地区处理组的平均收入是高于控制组的，并且相对于参加项目前收入，处理组的平均收入的提升幅度更大。总体而言，相比于职业介绍项目，提高个人生产力的项目对参与者的平均收入水平提升更大。

对比控制组与处理组的受教育水平、健康状况和工作经验可以发现，在所有地区处理组除了在平均工作经验上具有优势以外，平均受教育水平、平均自评健康状况都低于控制组。另外，从人口结构特征分布来看，各地区控制组和处理组都以汉族、女性、城市户口、非共产党员和工作地点在地级市及以上的群体为主。在东部地区，相对于控制组，处理组的男性占比、党员占比等都较高，而民族分布、户籍类型分布、工作单位所在地分布则与控制组基本相同。在中部地区，相对于控制组，处理组的党员占比较高，而民族分布、性别分布、户籍类型分布和工作单位所在地分布则与控制组基本相同。在西部地区，相对于控制组，处理组的男性占比、非城镇户口占比、党员占比和工作单位在地级市及以上占比等都高于控制组，而民族分布则与控制组基本相同。

表 5-2 个体特征变量的描述性统计

变量名	九省(自治区)		东部		中部		西部	
	控制组	处理组	控制组	处理组	控制组	处理组	控制组	处理组
参加项目前收入	8.77	9.14	8.66	8.96	8.92	9.43	8.60	8.86
参加项目后收入	8.91	9.47	8.94	9.39	8.95	9.63	8.76	9.29
民族	0.96	0.95	0.96	0.97	0.99	0.98	0.90	0.88
性别	0.34	0.37	0.26	0.31	0.40	0.40	0.31	0.38
户籍类型	0.92	0.91	0.92	0.92	0.91	0.90	0.93	0.90
受教育水平	11.14	10.67	11.05	10.78	11.18	10.41	11.16	10.97
健康状况	4.00	3.84	4.01	3.86	4.02	3.78	3.95	3.92
政治身份	0.09	0.13	0.09	0.11	0.08	0.13	0.12	0.16
工作单位所在地	0.96	0.95	0.96	0.94	0.98	0.97	0.90	0.93
工作经验	21.03	24.55	22.75	25.47	19.90	24.68	21.44	23.22
家庭规模	3.41	3.30	3.22	3.22	3.53	3.35	3.36	3.30
家庭负担	9.37	9.38	9.40	9.36	9.38	9.41	9.30	9.37
样本量	1197	5508	365	1753	602	2352	230	1403

三、模型设定

本章使用边际处理效应模型估计不同地区积极就业政策的效果，关于边际处理效应模型的具体介绍可见第四章的模型设定。

除了边际处理效应参数之外，其他常用的处理效应参数，如平均处理效应(Average Treatment Effect，ATE)、处理组的平均处理效应(Average Treatment Effect on the Treated，ATT)和控制组的平均处理效应(Average Treatment Effect on the Untreated，ATU)的估计值也可以通过对边际处理效应进行加权计算获得。在本章中，ATE 是指从总体中随机抽取部分个体参加项目，计算这部分个体参加项目的结果与假定其不参加项目的结果之间差距的平均值，具体可表示为：

$$\text{ATE} = E(Y_{1i} - Y_{0i}) \tag{5-1}$$

ATT 是指参加项目者的结果与假定其不参加项目的结果之间差距的平均值，具体可表示为：

$$\text{ATT} = E[(Y_{1i} - Y_{0i}) \mid D = 1] \tag{5-2}$$

ATU 是指所有未被选择参加项目者的结果与假定其参加项目的结果之间差距的平均值，具体可表示为：

$$\text{ATU} = E[(Y_{1i} - Y_{0i}) \mid D = 0] \tag{5-3}$$

第二节　不同区域的政府选择与撇脂效应的实证结果

一、影响个体参加项目和参加项目后收入的因素分析

(一)影响个体参加项目的因素分析

个体是否参加提高个人生产力项目可看作一个二分类变量，故本章使用 Probit 模型估计个体被选择参加提高个人生产力项目的概率。表 5-3 第(1)、(4)、(7)列分别展示了东部、中部和西部地区地方政府在选择参加提高个人生产力项目的个体时受到各种因素的影响结果。东部地区地方政府更倾向于选择男性、受教育水平较高、工作经验较丰富和家庭负担较重的个体参加提高个人生产力项目；中部地区地方政府更倾向于选择农村户籍、共产党员身份、工作单位在地级市以下、工作经验较丰富、家庭负担较重的个体参加提高个人生产力项目；西部地区地方政府更倾向于选择少数民族、男性、农村户籍、工作单位在地级市以上、家庭负担较重的个体参加提高个人生产力项目。综上所述，各个地方政府在选择个体参加提高个人生产力项目时都会在一定程度上考虑个人特征，并且不同地区地方政府在选择个体参加提高个人生产力项目时是存在差异的，这与使用两期效应选择模型从理论上分析得到的结论是一致的。

表 5-3 第(1)、(4)、(7)列选择模型的估计结果显示，东部、中部和西部地

区的政策实施强度(工具变量)的回归系数均在1%的水平上显著为正，分别为4.203、3.901、12.21。说明一个地区积极就业政策的实施强度越大，个体被选择参加的可能性就越大，满足工具变量的相关性。东部、中部和西部地区选择模型估计出的 F 值分别为13.88、25.42和16.58，均大于10，故认为不存在弱工具变量问题。

(二)影响个体参加项目后收入的因素分析

根据选择模型估计的个体参加提高个人生产力项目的倾向得分 $P(Z_i)$，计算出收入方程的修正项逆米尔斯系数 λ_{1i} 和 λ_{0i}，并将 λ_{1i} 和 λ_{0i} 添加到收入方程中。由于收入是连续变量，故此处使用普通最小二乘法(OLS)估计各种因素对收入的影响，具体估计结果如表5-3所示。

表5-3第(2)和(3)列报告了东部地区控制组(参加职业介绍项目)和处理组(参加提高个人生产力项目)在参加项目后的收入方程的估计结果。民族、性别、自评健康状况、工作经验等个体因素对处理组参加项目后的平均收入有显著影响，户籍类型、政治身份、工作单位所在地和工作经验等个体因素对控制组参加项目后的平均收入有显著影响；就业资金增长率、GDP增长率和失业率等宏观因素对处理组和控制组参加项目后的平均收入的影响存在差异。表5-3第(5)和(6)列报告了中部地区控制组和处理组在参加项目后的收入方程的估计结果。性别、户籍类型、受教育水平、自评健康状况、政治身份和工作经验等个体因素对处理组参加项目后的平均收入有显著负向影响，性别、受教育水平等个体因素对控制组参加项目后的平均收入影响显著；宏观因素对处理组和控制组参加项目后的收入影响存在差异。表5-3第(8)和(9)列报告了西部地区控制组和处理组在参加项目后的收入方程的估计结果。性别、受教育水平、自评健康状况和工作经验对处理组参加项目后的收入有显著正向影响，性别、受教育水平、自评健康状况和政治身份对控制组参加项目后的收入影响显著；宏观因素对处理组和控制组参加项目后的收入影响存在差异。

表 5-3　影响项目选择和收入的因素

变量名	东部			中部			西部		
	(1)	(2)	(3)	(4)	(5)	(6)	(7)	(8)	(9)
	选择模型	收入方程		选择模型	收入方程		选择模型	收入方程	
		控制组	处理组		控制组	处理组		控制组	处理组
民族	0.2910	-0.1150	0.543***	-0.1220	-0.1770	-0.1990	-0.413**	-0.0848	0.0552
	(0.2000)	(0.1150)	(0.1320)	(0.2710)	(0.1320)	(0.1470)	(0.2100)	(0.0600)	(0.0922)
性别	0.172*	0.0080	0.644***	-0.0134	0.0817*	0.336***	0.648***	0.167***	0.551***
	(0.0932)	(0.0805)	(0.0675)	(0.0699)	(0.0436)	(0.0567)	(0.1310)	(0.0601)	(0.0772)
户籍类型	0.0268	-0.120*	-0.0305	-0.366***	0.0737	-0.574***	-0.339*	-0.0516	0.0381
	(0.1770)	(0.0703)	(0.1150)	(0.1240)	(0.1350)	(0.0887)	(0.2000)	(0.0607)	(0.1010)
受教育水平	0.0625***	0.0107	0.101***	-0.0103	0.0290**	0.0498***	0.0554**	0.0298***	-0.0377**
	(0.0196)	(0.0189)	(0.0138)	(0.0156)	(0.0122)	(0.0116)	(0.0275)	(0.0092)	(0.0160)
自评健康状况:很不好为对照组									
不太好	0.1070		0.366**	0.0213	0.0861	0.0044	-0.1470	0.0796	-0.0085
	(0.2280)		(0.1560)	(0.3900)	(0.1170)	(0.2670)	(0.6430)	(0.1290)	(0.2180)
一般	-0.0233	0.246*	0.457***	0.0812	0.179*	0.3320	0.5380	0.325***	0.587***
	(0.1090)	(0.1290)	(0.1140)	(0.3690)	(0.0927)	(0.2580)	(0.5940)	(0.1050)	(0.1570)
较好	-0.171*	0.1990	0.373***	0.0379	0.1330	0.458*	0.3530	0.326***	0.542***
	(0.0997)	(0.1250)	(0.1140)	(0.3700)	(0.0973)	(0.2600)	(0.5930)	(0.0903)	(0.1550)

续表

变量名	东部			中部			西部		
	(1)	(2)	(3)	(4)	(5)	(6)	(7)	(8)	(9)
	选择模型	收入方程		选择模型	收入方程		选择模型	收入方程	
		控制组	处理组		控制组	处理组		控制组	处理组
很好		0.1920	0.782***	0.1050	0.1570	0.708***	0.6390	0.286***	0.819***
		(0.1200)	(0.1190)	(0.3720)	(0.0976)	(0.2620)	(0.5930)	(0.0899)	(0.1630)
政治身份	−0.0631	−0.213**	0.0528	0.351***	0.0209	0.528***	−0.0181	−0.0934*	−0.1140
	(0.1370)	(0.0883)	(0.0915)	(0.1170)	(0.0879)	(0.0826)	(0.1820)	(0.0538)	(0.0963)
工作单位所在地	−0.2610	−0.277*	−0.713***	−0.555**	−0.0880	−0.620***	0.369*	0.0298	0.0625
	(0.2230)	(0.1440)	(0.1390)	(0.2180)	(0.1800)	(0.1240)	(0.2140)	(0.0593)	(0.1280)
工作经验	0.0348***	−0.0739***	0.0826***	0.0163***	−0.0081	0.0697***	0.0154	0.0026	−0.0341 *
	(0.0061)	(0.0145)	(0.0147)	(0.0044)	(0.0085)	(0.0099)	(0.0100)	(0.0115)	(0.0203)
工作经验的平方		0.00102***	−0.00113***		0.0000	−0.000826***		0.0000	0.0004
		(0.0003)	(0.0003)		(0.0002)	(0.0002)		(0.0003)	(0.0004)
家庭规模	0.0285	0.0124	0.0697**	−0.0279	0.0012	−0.0481*	−0.0898	−0.0070	−0.0323
	(0.0519)	(0.0326)	(0.0341)	(0.0359)	(0.0178)	(0.0259)	(0.0635)	(0.0215)	(0.0350)
家庭负担	0.0794*			0.191***			0.146*		
	(0.0473)			(0.0450)			(0.0831)		
失业率	0.1080	0.0355	0.141***	0.309**	−0.288***	0.290**	3.723***	0.0526	1.112***
	(0.0748)	(0.0917)	(0.0417)	(0.1390)	(0.0548)	(0.1240)	(0.2800)	(0.1150)	(0.1180)

续表

变量名	东部			中部			西部		
	(1)	(2)	(3)	(4)	(5)	(6)	(7)	(8)	(9)
	选择模型	收入方程		选择模型	收入方程		选择模型	收入方程	
		控制组	处理组		控制组	处理组		控制组	处理组
GDP 增长率	0.0028	0.0062	−0.0047	0.0426**	−0.0163*	0.0541***	−0.0874***	0.0085	0.0224***
	(0.0069)	(0.0068)	(0.0046)	(0.0170)	(0.0097)	(0.0164)	(0.0115)	(0.0053)	(0.0072)
就业资金增长率	0.107***	−0.0567	0.0139	0.0761***	−0.0346***	−0.0269***	−0.148***	0.0095	0.0377***
	(0.0317)	(0.0355)	(0.0234)	(0.0124)	(0.0070)	(0.0097)	(0.0174)	(0.0070)	(0.0081)
政策实施强度	4.203***			3.901***			12.21***		
	(0.2870)			(0.2100)			(0.7680)		
逆米尔斯系数 1		0.755**			0.1130			−0.194*	
		(0.3110)			(0.2410)			(0.0994)	
逆米尔斯系数 2			−4.430***			−4.751***			−2.216***
			(0.1650)			(0.1210)			(0.1500)
常数项	5.594***	9.112***	4.667***	5.185***	9.977***	6.343***	7.276***	8.030***	4.598***
	(0.7680)	(0.5730)	(0.3690)	(0.8820)	(0.5250)	(0.6440)	(1.3170)	(0.4780)	(0.5550)
样本量	1654	261	1404	2333	417	1916	1292	188	991

注：***、**和*分别表示在 1%、5%和 10%的水平上显著；括号内为稳健标准误。

基于收入方程的估计结果，可估计出每个个体参加职业介绍项目后的收入（Y_{0i}）和参加提高个人生产力项目后的收入（Y_{1i}），则 $MTE = Y_{1i} - Y_{0i}$ 就是个体 i 参加提高个人生产力项目与参加职业介绍项目的相对效果。如此一来，对于每一个个体 i 都有一个不同的 MTE 估计值，充分体现了项目效果的个体异质性。

二、撇脂效应检验

（一）整体情况

图 5-1 展示了 9 个省（自治区）个体参加提高个人生产力项目的项目结果与倾向得分之间的关系，随着个体项目结果增加，参与提高个人生产力项目的概率减小，地方政府在选择项目参与者时存在负向撇脂效应。通常收入越低的人越需要通过参加提高个人生产力项目来增加收入，所以在一定程度上说明总体上我国地方政府更倾向于选择高需求的个体参加提高个人生产力的项目。图 5-2 展示了个体参加提高个人生产力项目的项目效果与倾向得分的关系，倾向得分越大的个体，其项目效果越小。说明地方政府更倾向于选择收入较低的群体参加项目，这一群体所对应的项目效果也较低。基于以上分析可以发现，地方政府在实施积极就业政策时并不是一味地追求绩效而选择能力较强的人参加提高个人生产力的

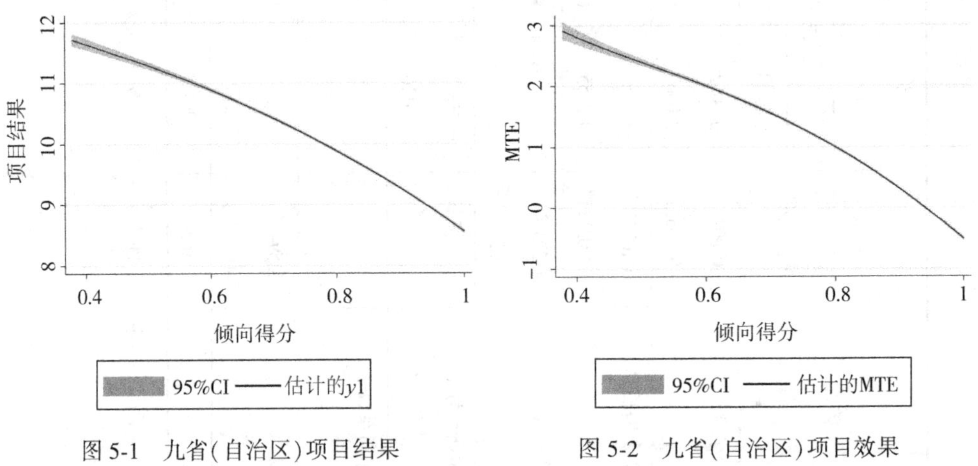

图 5-1　九省（自治区）项目结果　　图 5-2　九省（自治区）项目效果

项目，反而是更倾向于选择收入较低的个体参加。项目效果较好的个体参加提高个人生产力项目的可能性较小，负向撇脂效应的存在一定程度上降低了项目的实施效果。

(二)区域异质性

图 5-3 展示了在中国东部地区三个省份(自治区)个体参加提高个人生产力项目的项目结果与倾向得分之间的关系。结果显示，随着个体的项目结果增加，其倾向得分越小，即参与提高个人生产力项目的概率越小，说明东部地区地方政府在选择个体参加提高个人生产力项目时存在负向撇脂效应。图 5-4 展示了在中国东部地区三个省份(自治区)个体参加提高个人生产力项目的项目效果与倾向得分之间的负相关关系。越可能参加提高个人生产项目的个体，其相对项目效果越差。由以上分析可知，东部地区地方政府并不是以追求结果绩效最大化为目标，而是更倾向于选择收入水平较低的个体参加提高个人生产力项目。最可能参加提高个人生产力项目的个体，其项目结果和项目效果均最小，说明负向撇脂效应降低了在该地区实施提高个人生产力项目的相对项目效果。

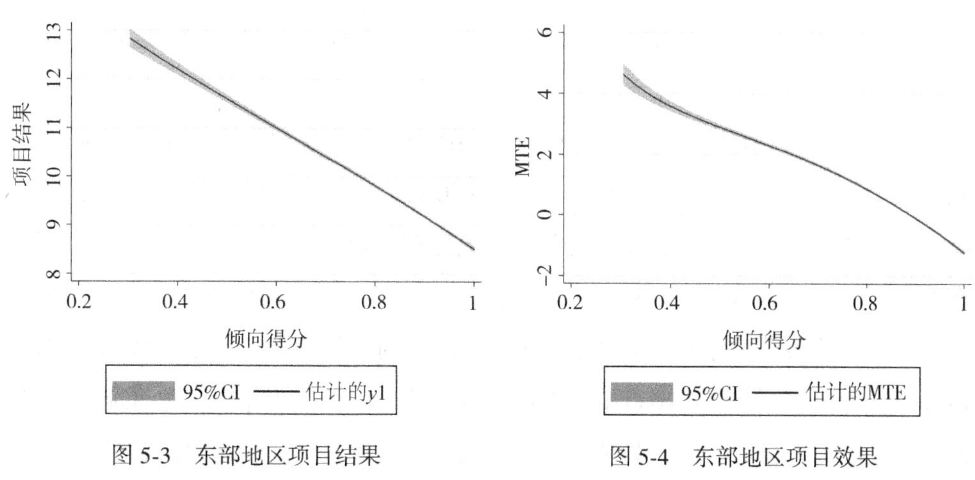

图 5-3　东部地区项目结果　　　　图 5-4　东部地区项目效果

图 5-5 展示了在中部地区三个省份(自治区)个体参加提高个人生产力项目的项目结果与倾向得分之间的关系。个体的项目结果越差，其参加提高个人生

产力项目的概率越大，说明中部地区积极就业政策在实施过程中存在负向撇脂效应。图 5-6 展示了在中部地区三个省份(自治区)个体参加提高个人生产力项目的项目效果与倾向得分之间的关系，倾向得分越大的个体，其项目效果越差。中部地区地方政府在选择个体参加提高个人生产力项目时更倾向于选择收入较低的群体，相对于该群体，拥有较高收入的个体在参加提高个人生产力项目后的收入的增长更大，说明该地区的负向撇脂效应降低了提高个人生产力项目的实施效果。

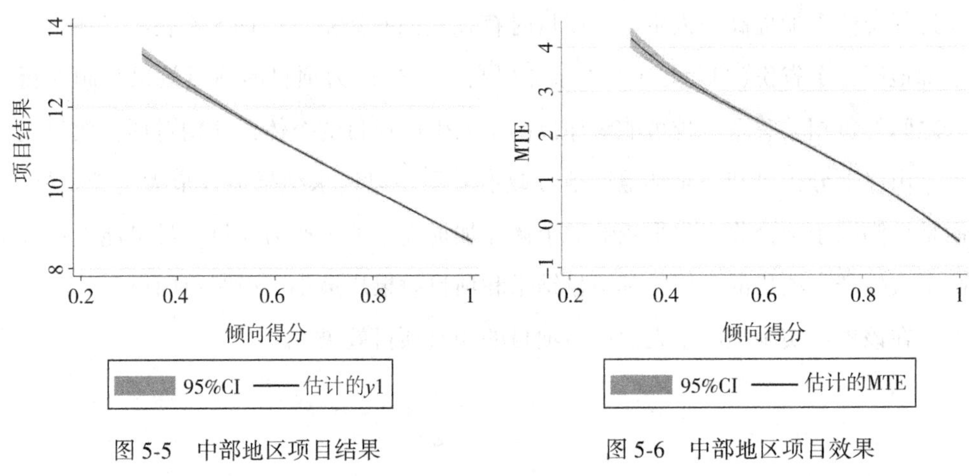

图 5-5　中部地区项目结果

图 5-6　中部地区项目效果

图 5-7 展示了在西部地区三个省份(自治区)个体参加提高个人生产力项目的项目结果与倾向得分之间的关系。由图 5-7 可知，个体项目结果越小，其参加提高个人生产力项目的概率越大，说明西部地区存在负向撇脂效应。图 5-8 展示了在西部地区三个省份(自治区)个体参加提高个人生产力项目的项目效果与倾向得分之间的关系，个体参加提高个人生产力项目的项目效果随着参加概率的增加而降低。基于对西部地区项目结果与项目效果的分析，在西部地区越可能参加提高个人生产力项目的个体，其项目结果和项目效果较差，说明负向撇脂效应降低了提高个人生产力项目的相对实施效果。

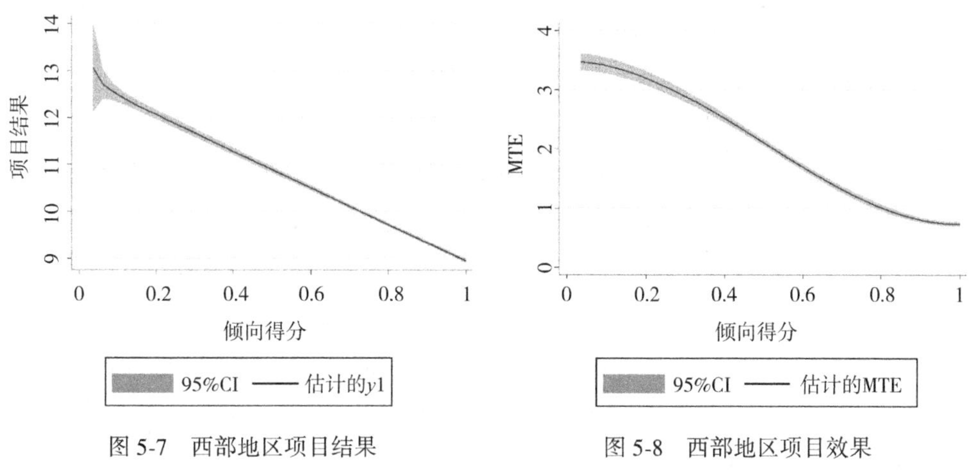

图 5-7　西部地区项目结果

图 5-8　西部地区项目效果

三、稳健性检验

考虑到以上结果均以 U_{0i}、U_{1i}、V_i 服从联合正态分布为假设前提，为了克服这一假设的局限性，本书在此放松联合正态分布假设。使用倾向得分的多项式对收入方程进行矫正，以此进行稳健性分析。具体做法是将式(4-10)和式(4-11)中的逆米尔斯系数换为倾向得分的多项式。得到收入模型的估计结果如表 5-4 所示。表 5-4 中第(1)和(2)列分别是东部地区控制组和处理组收入模型的估计结果，第(3)和(4)列分别是中部地区控制组和处理组收入模型的估计结果，第(5)和(6)列分别是西部地区控制组和处理组收入模型的估计结果。从表 5-4 中得到的结论结果与从表 5-3 中得到的结论基本保持一致。

表 5-4　收入模型的稳健性检验结果

变量名	东部		中部		西部	
	(1)	(2)	(3)	(4)	(5)	(6)
	控制组	处理组	控制组	处理组	控制组	处理组
民族	-0.0733	0.5770***	-0.1610	-0.1950	-0.0391	0.0561
	(0.1170)	(0.1370)	(0.1310)	(0.1440)	(0.0650)	(0.0767)

续表

变量名	东部		中部		西部	
	(1)	(2)	(3)	(4)	(5)	(6)
	控制组	处理组	控制组	处理组	控制组	处理组
性别	0. 0232	0. 6500***	0. 0804*	0. 3330***	0. 0893	0. 5090***
	(0. 0794)	(0. 0661)	(0. 0435)	(0. 0564)	(0. 0638)	(0. 0711)
户籍类型	−0. 124*	−0. 0380	0. 0710	−0. 600***	−0. 00880	0. 0213
	(0. 0717)	(0. 117)	(0. 136)	(0. 0888)	(0. 0652)	(0. 100)
受教育水平	0. 0162	0. 100***	0. 0301**	0. 0480***	0. 0230**	−0. 0319**
	(0. 0196)	(0. 0137)	(0. 0123)	(0. 0117)	(0. 0089)	(0. 0141)
自评健康状况：很不好为对照组						
不太好	—	0. 3960***	0. 1140	−0. 0092	0. 105	0. 0608
	—	(0. 1510)	(0. 1160)	(0. 2670)	(0. 1390)	(0. 1990)
一般	0. 2270*	0. 4590***	0. 1970**	0. 3180	0. 2600**	0. 5870***
	(0. 1300)	(0. 1060)	(0. 0931)	(0. 2580)	(0. 1050)	(0. 1470)
较好	0. 1670	0. 3660***	0. 1500	0. 4430*	0. 2860***	0. 5390***
	(0. 1250)	(0. 1060)	(0. 0984)	(0. 2590)	(0. 0885)	(0. 1460)
很好	0. 1780	0. 7740***	0. 1760*	0. 6970***	0. 2160**	0. 8090***
	(0. 120)0	(0. 1110)	(0. 0983)	(0. 2610)	(0. 0879)	(0. 1550)
政治身份	−0. 2190**	0. 0445	−0. 0352	0. 5440***	−0. 1100**	−0. 1080
	(0. 0884)	(0. 0903)	(0. 0861)	(0. 0825)	(0. 0543)	(0. 0898)
工作单位所在地	−0. 3010**	−0. 7330***	−0. 0730	−0. 6170***	0. 0011	0. 0498
	(0. 1410)	(0. 1400)	(0. 1720)	(0. 1270)	(0. 0630)	(0. 1250)
工作经验	−0. 0709***	0. 0840***	−0. 0049	0. 0679***	0. 0026	−0. 0257*
	(0. 0152)	(0. 0146)	(0. 0086)	(0. 0099)	(0. 0117)	(0. 0138)
工作经验的平方	0. 0010***	−0. 0011***	0. 0000	−0. 0008***	0. 0000	0. 0002
	(0. 0003)	(0. 0003)	(0. 0002)	(0. 0002)	(0. 0003)	(0. 0003)
家庭规模	0. 0167	0. 0645*	−0. 0027	−0. 0467*	−0. 0023	−0. 0311
	(0. 0325)	(0. 0340)	(0. 0182)	(0. 0258)	(0. 0213)	(0. 0313)

续表

变量名	东部		中部		西部	
	(1)	(2)	(3)	(4)	(5)	(6)
	控制组	处理组	控制组	处理组	控制组	处理组
失业率	0. 0108	0. 1250***	-0. 2560***	0. 3030**	0. 1650	1. 0720***
	(0. 0892)	(0. 0415)	(0. 0582)	(0. 1220)	(0. 1190)	(0. 1110)
GDP 增长率	0. 0043	-0. 0049	-0. 0131	0. 0516***	0. 0157**	0. 0170***
	(0. 0067)	(0. 0047)	(0. 0093)	(0. 0162)	(0. 0061)	(0. 0054)
就业资金增长率	-0. 0509	0. 0125	-0. 0350***	-0. 0251**	0. 0122*	0. 0385***
	(0. 0356)	(0. 0236)	(0. 0070)	(0. 0104)	(0. 0070)	(0. 0078)
倾向得分一次项	-2. 9560	0. 6020	-4. 4010	-6. 9900***	-1. 0860**	-3. 2740*
	(3. 7210)	(1. 6870)	(2. 9340)	(1. 7460)	(0. 4910)	(1. 9000)
倾向得分二次项	3. 0980	-5. 0940***	3. 4110	-0. 3710	0. 8950	-0. 2310
	(2. 6320)	(1. 1170)	(2. 0800)	(1. 1480)	(0. 5740)	(1. 2680)
常数项	10. 4800***	9. 1500***	11. 3000***	13. 8200***	7. 7400***	8. 1770***
	(1. 2490)	(0. 7280)	(1. 0370)	(0. 9250)	(0. 4900)	(0. 8780)
样本量	261	1404	417	1916	188	1104

注：***、**和*分别表示在 1%、5% 和 10%的水平上显著；括号内为稳健标准误。

基于选择和收入模型可估计出九个省份(自治区)、东部地区、中部地区和西部地区个体倾向得分与参加提高个人生产力项目的项目结果的关系，如图 5-9 所示，个体倾向得分与参加提高个人生产力项目的项目效果的关系如图 5-10 所示。从图 5-9 中得到的结论与从图 5-1、图 5-3、图 5-5 和图 5-7 中得到的结论基本保持一致，从图 5-10 中得到的结论与从图 5-2、图 5-4、图 5-6 和图 5-8 中得到的结论基本保持一致，进一步验证了估计结果的稳健性。

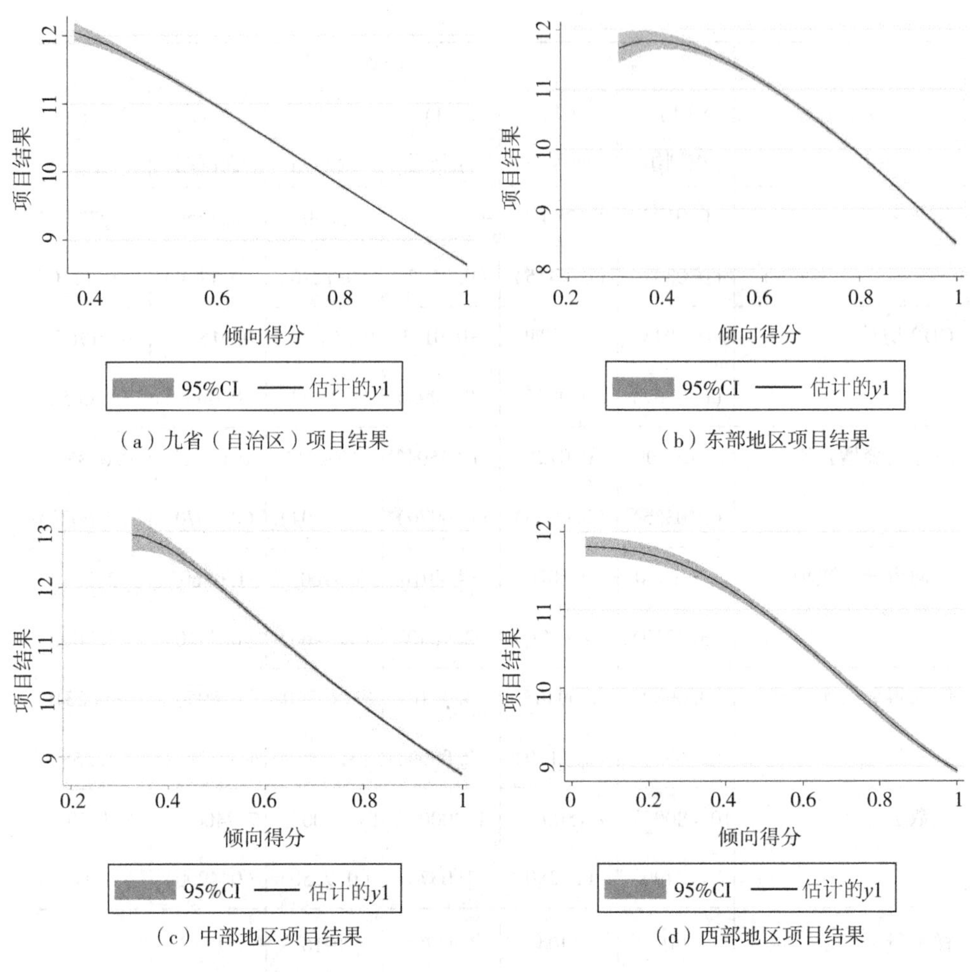

图 5-9　项目结果的稳健性检验结果

四、各种平均处理效应

根据式(5-1)、式(5-2)和式(5-3)对 ATE、ATT 和 ATU 的定义，以及每个个体的 MTE 估计值，可计算出 ATE、ATT 和 ATU，具体结果如表 5-5 所示。首先，在九个省份(自治区)参加提高个人生产力项目的 ATE 是 0.7323，这说明平均而言，相对于职业介绍项目，个体参加提高个人生产力项目对平均收入的提升更大。类似地，在东部、中部和西部地区参加提高个人生产力项目的 ATE 分别为

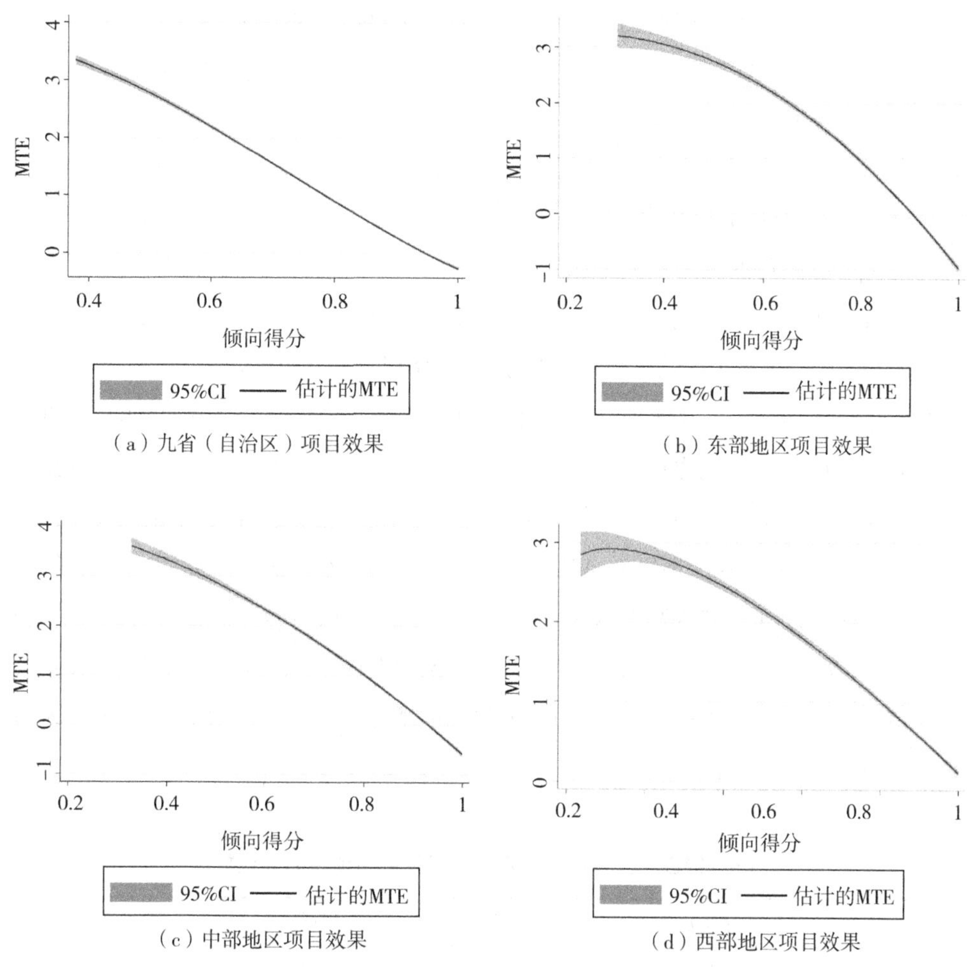

(a) 九省（自治区）项目效果

(b) 东部地区项目效果

(c) 中部地区项目效果

(d) 西部地区项目效果

图 5-10 项目效果的稳健性检验结果

0.3117、0.8447 和 1.1042。平均而言，相对于职业介绍项目，在东部、中部和西部地区个体参加提高个人生产力项目对平均收入的提升更大，其中相对提升最大的是西部地区。

其次，通过对比 ATT 和 ATE，可推测政府选择行为对提高个人生产力项目实施效果的影响，因为 ATT 是在政府选择行为下的项目实施效果，而 ATE 则在一定程度上代表了随机选择行为下个体参加提高个人生产力项目的项目实施效果。若 ATT 大于 ATE，说明总体上看政府的选择行为增加了项目的实施效果，反之，则说明总体上看政府的选择行为降低了项目的实施效果。在九个省份(自治区)参加提高个人生产力项目的 ATT 是 0.5923，小于前述 0.7323 的 ATE，说明总体上看政府的选择行为降低了提高个人生产力项目的相对实施效果。在东部、中部和西部地区参加提高个人生产力项目的 ATT 分别为 0.1550、0.7240 和 0.9574，三个地区的 ATT 均小于 ATE，说明三个地区的政府选择行为均降低了提高个人生产力项目的相对实施效果。

最后，在九个省份(自治区)参加提高个人生产力项目的 ATU 是 1.4293，大于前述 0.5923 的 ATT，说明如果让参加职业介绍项目的个体参加提高个人生产力项目，其平均项目效果会高于现实中被政府选择参加提高个人生产力项目的个体的平均项目效果，这也说明政府的选择行为降低了提高个人生产力项目的实施效果。在东部、中部和西部地区参加提高个人生产力项目的 ATU 分别为 1.1547、1.3990 和 1.8780，西部地区的 ATT 最大，说明该地区被选择参加职业介绍项目的个体，如果让其参加提高个人生产力项目，则平均项目效果最好。另外，如表 5-5 所示，东部地区 ATU 是 ATT 的 7 倍多，说明在西部地区政府选择行为所导致的撇脂效应大大降低了提高个人生产力项目的相对实施效果；中部和西部地区的 ATU 接近 ATT 的 2 倍。

表 5-5　提高个人生产力项目相对于控制组项目的处理效应

	九省(自治区)	东部	中部	西部
ATE	0.7323	0.3117	0.8447	1.1042
ATT	0.5923	0.1550	0.7240	0.9574
ATU	1.4293	1.1547	1.3990	1.8780

五、反事实分析

如果个体能否参加提高个人生产力项目是随机的，那么此时项目的实施效果与政府选择下(实际情况)项目的实施效果有何差别？为了回答该问题，本章使用 Bootstrap 方法在总样本中随机抽取了 500 次，对每次随机抽取得到的样本的 ATT 和 ATU 求平均值，得出随机选择下的 ATT 和 ATU。在总样本中，东部地区参加提高个人生产力项目的人数占比为83%，中部地区参加提高个人生产力项目的人数占比为80%，西部地区参加提高个人生产力项目的人数占比为86%。故使用Bootstrap方法随机抽取的处理组样本，是分别在东部、中部、西部地区的总样本中随机抽取83%、80%、86%的样本组成的。随机选择下的ATT和ATU如表5-6所示。理论上看，如果个体是否参加提高个人生产力项目是随机选择的，则ATE、ATT和ATU三者的值应是相等的。由表5-6可知，如果个体是否参加提高个人生产力项目是随机选择的，则ATE、ATT和ATU相差最大不超过2%，与理论结果基本一致。

表5-6　随机选择下的ATT和ATU

	九省(自治区)	东部	中部	西部
ATE	0.7323	0.3117	0.8447	1.1042
ATT	0.7317	0.3111	0.8448	1.1041
ATU	0.7355	0.3150	0.8442	1.1048

对比表5-5与表5-6的结果可知，政府随机选择个体参加提高个人生产力项目时的平均项目效果与实际情况下的平均项目效果具有差异。首先从九个省份(自治区)来看，相比于实际情况，随机选择机制下的ATT从0.5923增加到0.7317，增加了24%；ATU从1.4293降低到0.7355，降低了50%以上。其次，相比于实际情况，东部地区在随机选择机制下的ATT从0.1550增加到0.3111，增加了近一倍；中部地区在随机选择机制下的ATT从0.7240增加到0.8448，增加了17%；西部地区在随机选择机制下的ATT从0.9574增加到1.1041，增加了15%。综上所述，相比于实际情况，如果政府随机选择个体参加提高个人生产力项目，则会增加各个地区的ATT，这进一步说明政府选择行为所导致的撇脂效应降低了提高个人生产力项目的相对实施效果。

第三节　本章小结

本章基于2008年世界银行关于中国积极就业政策的调查数据，采用能够体现个体回报异质性的方法，测度了不同地区积极就业项目实施过程中的撇脂效应，并研究了在不同地区撇脂效应对项目效果的影响，得到以下结论。第一，总体来看，对于提高个人生产力项目，项目结果越差的群体越可能被选择参加该项目，存在负向撇脂效应，并且东部、中部、西部地区差异不大。第二，不同个体参加提高个人生产力项目的回报存在差异性，项目结果较好的个体，其参加项目的回报也较高。第三，在东部、中部和西部地区政府选择所导致的撇脂效应均降低了提高个人生产力项目的相对实施效果，但是程度上存在差异。其中影响最大的是东部地区，未被选择参加提高个人生产力项目的个体的平均项目效果是参加者的7倍。第四，如果政策执行者随机选择参与者，则会使得处理组的相对实施效果提升，东部、中部和西部地区的提升幅度分别为100%、17%和15%。

为实现积极就业政策“更高质量和更充分就业”的初衷，提升积极就业政策的实施效率，本章针对中国积极就业政策提出以下政策建议。首先，为了在总体上提高政策效果，在选择个体参加积极就业项目的时候，应不只关注个体的项目结果，还要关注其项目效果，在降低失业率的基础上，尽量提升个体的项目效果。其次，积极就业政策在扶持低收入群体与提高项目效果之间产生冲突时，应根据当地的实际情况制定符合当地发展需求的具体方向。例如，在失业率较高的地区，应以促进就业为主导方向，更多地倾向于扶持能力较弱的个体实现就业；在失业率较低的地区，应适当提升项目效果的重要性，在选择参与者时适当增加公平性以进一步提高项目效果。

第六章　积极就业政策中的政府选择、收入流动性与收入不平等研究

为探究积极就业政策在实施过程中存在的撇脂效应如何阻碍其在提升就业质量、促进收入流动性和减小收入差距上的效果，本章借助 2008 年世界银行积极就业调查数据，分析不同积极就业项目及相应的政府选择机制对收入流动性和收入不平等的影响，着重回答如下问题：哪些项目促进了收入流动性、缓解了收入不平等？是否存在由于政府选择机制不合理导致的机会不平等？如何从促进收入流动和缩小收入差距的角度来优化政府选择机制？

第一节　政府选择与收入流动性的研究设计

本节研究设计部分简单介绍了本章的数据来源和变量选择，并构建了收入流动性指标和收入不平等指标，以衡量撇脂效应带来的影响，以及参与不同积极就业项目导致的收入流动性和收入不平等程度的变化。此外，本节还对选取的基本变量和参与积极就业项目前后的收入流动性进行了描述性统计分析。

一、数据来源与变量选择

本章数据来源于 2008 年世界银行关于中国积极就业项目的抽样调查。该抽样调查方式为三阶段分层抽样，分别在东部、中部和西部地区，按照经济水平发达、中等和落后的划分标准抽取省份(自治区)，抽到的省份(自治区)包括河南省、新疆维吾尔自治区、安徽省、云南省、山东省、湖北省、陕西省、江苏省和黑龙江省，接着按照经济水平发达、中等和落后的划分标准在省份内抽取了 27

个城市，最后在每个城市内积极就业项目参与者名单中抽取样本。

本章的被解释变量是收入对数，依据的是受访者参加项目后所获得的第一份工作的年收入。根据积极就业项目是否有助于提高参与者的生产力水平，将其分为两类：第一类包括职业培训、小额担保贷款、社会保险补贴和公益性岗位四个项目，这些项目可以提高参与者的生产力水平；第二类是职业介绍项目，其不能提高参与者的生产力水平。故本章将参加第一类项目的群体作为处理组，其他群体作为控制组。除此之外，本章使用到的解释变量还包括民族、性别、户籍、受教育水平、健康状况、政治身份、工作单位所在地、工作经验、家庭规模、家庭负担、失业率、GDP 增长率和就业资金增长率。相关变量的具体说明见表 6-1。

表 6-1　变量说明

<table>
<tr><th colspan="2"></th><th>变量名</th><th>取值及含义</th></tr>
<tr><td colspan="2" rowspan="3">被解释变量</td><td>项目参与指示变量</td><td>提高个人生产力项目 = 1，职业介绍项目 = 0</td></tr>
<tr><td>参加项目前收入</td><td>参加项目前的最后一份工作的最高年收入(元)</td></tr>
<tr><td>参加项目后收入</td><td>参加项目后的第一份工作的最高年收入(元)</td></tr>
<tr><td rowspan="4">控制变量</td><td rowspan="4">微观特征变量</td><td>民族</td><td>汉族 = 1，非汉族 = 0</td></tr>
<tr><td>性别</td><td>男性 = 1，女性 = 0</td></tr>
<tr><td>户籍类型</td><td>城市 = 1，农村 = 0</td></tr>
<tr><td>受教育水平</td><td>接受教育年限</td></tr>
<tr><td rowspan="10">控制变量</td><td rowspan="7">微观特征变量</td><td>健康状况</td><td>非常差 = 1，差 = 2，正常 = 3，好 = 4，非常好 = 5</td></tr>
<tr><td>政治身份</td><td>共产党员 = 1，非共产党员 = 0</td></tr>
<tr><td>工作单位所在地</td><td>地级市及以上 = 1，县城及以下 = 0</td></tr>
<tr><td>工作经验</td><td>参加工作时间(年)</td></tr>
<tr><td>家庭规模</td><td>家庭总人数</td></tr>
<tr><td>有收入人数</td><td>家庭中 35 岁及以下有固定收入的人数</td></tr>
<tr><td>家庭负担</td><td>家庭总支出(元)取对数</td></tr>
<tr><td rowspan="3">宏观特征变量</td><td>失业率(%)</td><td>2006 年城镇登记失业率</td></tr>
<tr><td>GDP 增长率(%)</td><td>2006 年 GDP 对数增长率</td></tr>
<tr><td>就业资金增长率(%)</td><td>2006 年积极就业政策支出资金对数增长率</td></tr>
</table>

二、流动性指标构建

积极就业政策是如何影响收入流动性的？许多人认为参加积极就业政策中的不同项目是使自身收入向上流动的途径，但如果参加项目前收入水平较高的个体参与到项目效果最佳的项目中，整个积极就业政策可能不会促进收入流动，反而可能促进财富阶级固化，阻碍收入不平等程度的下降。

在本章中，我们通过构建流动性指标来研究个体参加不同项目后的收入及其向上流动率如何变化。先对所有个体的收入进行排序，分为四个层级，即低收入(25%，Q1 层)、中等偏下收入(25%，Q2 层)、中等偏上收入(25%，Q3 层)、高收入(25%，Q4 层)。本章使用两个统计指标的乘积来衡量个体收入的向上流动率，借鉴 Chetty 等(2020)的做法，将向上流动率的具体计算公式写为：

$$
\begin{aligned}
&P(\text{参加项目后收入在 Q4 层且项目前收入在 Q1 层}) \\
&\quad = P(\text{参加项目前收入在 Q1 层}) \\
&\quad \times P(\text{参加项目后收入在 Q4 层} \mid \text{项目前收入在 Q1 层})
\end{aligned}
\tag{6-1}
$$

式(6-1)的现实含义为向上流动率=项目参与者是低收入者的概率×低收入者通过参加项目成为高收入者的概率，为了方便后文表述，将式(6-1)简写为具有现实含义的表达式：

$$\text{向上流动率}=\text{参加项目前为低收入者的概率}\times\text{参加项目后转为高收入者的概率} \tag{6-2}$$

值得关注的是，向上流动率反映了选择效应(政府最终选择参加不同积极就业项目的个体类型)和因果效应(积极就业项目的附加值)的结合。本章记录不同积极就业项目中的向上流动率如何变化(不区分选择效应和因果效应)，并利用反事实分析对这两个效应进行区分。

三、不平等指标构建及分解

(一)基尼系数

基尼系数(Gini index)最早是由 Corrado Gini 于 1912 年提出，具体计算方法如下：将所有样本按照收入进行排序(由低到高)，并分成若干组(或者不分组，即每个样本为一组)，计算每个组的收入占总收入的比重(W_i)和每组人数占总人数的比重(P_i)。基尼系数的计算公式可写为：

$$\text{Gini} = 1 - \sum_{i=1}^{n} P_i * (2Q_i - W_i) \tag{6-3}$$

其中，$Q_i = \sum_{j=1}^{i} W_i$，此时基尼系数也可表达为：$\text{Gini} = 1 - \sum_{i=1}^{n} P_i * (2\sum_{j=1}^{i} W_j - W_i)$。

基尼系数在 0 到 1 之间，值越大表示收入差距越大，收入不平等程度越高。国际上将基尼系数等于 0.4 作为贫富差距的警戒线，超过警戒线说明收入不平等程度较高，小于警戒线则说明收入不平等程度较低。基尼系数也存在一些弊端，比如基尼系数只能测度总体不平等的情况，难以进行不平等指标的分解。

(二) 泰尔指数

泰尔指数(Theil Index) 由 Henri Theil 于 1967 年提出，也是一个常用于测度收入不平等程度的指标。相对于基尼系数，泰尔指数的优点在于可以直接对其指标进行分解，便于将收入差距分解为组内和组间差距。具体计算公式可表示为：

$$\text{Theil} = \frac{1}{n}\sum_{i=1}^{n}\left(\frac{y_i}{\bar{y}} \times \ln\frac{y_i}{\bar{y}}\right) \tag{6-4}$$

其中，n 为样本个数，y_i 为个体 i 的收入，$i=1, 2, \cdots, n$，$\bar{y} = \frac{1}{n}\sum_{i=1}^{n} y_i$ 是样本收入的平均值。泰尔指数值越大表示收入不平等程度越低。

泰尔指数的优点在于可以直接将总体的不平等分解为组间不平等和组内不平，从而便于分解出组间差距和组内差距对于总体不平等的贡献程度。假设测度总体可分为$S_g(g = 1, \cdots, G)$ 个分组，每个分组包含的个体数为n_g，总数为 $n = \sum_{g=1}^{G} n_g$。用h_i 表示个体 i 的收入占总收入的比重，H_g 表示第 g 组个体的收入之和占总收入的比重。用T_b 表示组间差距，T_W 表示组内差距，泰尔指数可表示为：

$$\text{Theil} = T_b + T_W \tag{6-5}$$

其中，组间差距和组内差距可写为：

$$T_b = \sum_{g=1}^{G} H_g \ln\frac{H_g}{n_g/n} \tag{6-6}$$

$$T_w = \sum_{g=1}^{G} H_g \left(\sum_{i \in S_g} \frac{h_i}{H_g} \ln \frac{h_i / H_g}{1 / n_g} \right) \tag{6-7}$$

四、描述性统计分析

(一)基本变量描述性统计

表6-2展示了本章所使用的五个积极就业项目调查数据的基本变量描述性统计结果。从参加项目前后收入均值来看，小额担保贷款项目的参与者在参加项目前和参加项目后平均收入都是最高的，与此同时，参加该项目使得参与者平均收入增加了1倍多，是五个项目里增加幅度最大的项目；公益性岗位项目参与者参加项目后的平均收入最低，参加该项目带来的平均收入增加幅度也最小(不足10%)；参加职业培训项目、社会保险补贴项目和职业介绍项目带来的平均收入增加幅度分别为23.16%、13.44%和13.24%。

从个体特征分布上看，相比于其他积极就业项目，职业培训项目的参与者平均年龄最小(36.35)、受教育水平较高(11.17)和包含更多农村户籍人口(农村户籍人口占比为25%)；小额担保贷款项目的参与者包括更多男性(男性占比为54%)、平均自评健康状况更好(4.12)及平均家庭负担更重(17757)，该项目是唯一一个男性比例大于50%的项目，且该项目的参与者的平均家庭负担(家庭总支出)远高于其他项目；社会保险补贴项目的参与者平均年龄最大(43.92)、平均自评健康状况最差(3.61)、工作经验最丰富(27.44)；公益性岗位项目的参与者平均受教育水平最低(10.36)。

表6-2　基本变量描述性统计

变量名	职业介绍	职业培训	小额担保贷款	社会保险补贴	公益性岗位
参加项目前最高收入	7486	8944	76480	6294	6579
参加项目后最高收入	8477	11015	181357	7140	6928

续表

变量名	职业介绍	职业培训	小额担保贷款	社会保险补贴	公益性岗位
年龄	38.71	36.35	41.23	43.92	43.25
民族	0.96	0.95	0.96	0.95	0.95
性别	0.36	0.40	0.54	0.24	0.34
户籍类型	0.92	0.75	0.95	0.97	0.94
受教育水平	11.07	10.96	11.17	10.43	10.36
健康状况	3.95	4.03	4.12	3.61	3.68
政治身份	0.10	0.09	0.18	0.12	0.13
工作单位所在地	0.96	0.94	0.94	0.98	0.95
工作经验	21.64	19.39	24.06	27.44	26.90
家庭规模	3.40	3.51	3.33	3.18	3.22
有收入人数	1.57	1.61	1.50	1.29	1.32
家庭负担	14341	14760	17757	13767	13999
样本量	1197	1606	1136	1390	1376

(二)收入流动性描述性统计

为了描绘参与积极就业政策对收入流动性的影响，表 6-3 为分析样本中个体参加积极就业项目前后收入的描述性统计。总的来说，个体参加积极就业项目后平均收入提升了近 1 倍，参加项目后的收入中位数相较于参加项目前的收入中位数提高了 16.67%。具体而言，对于所有的积极就业项目参与者，参加项目前最后一份工作的收入中位数为 6600 元，参加项目前收入分布的第 25 个百分位点为

4800 元，第 75 个百分位点为 10800 元。他们在参加各种积极就业项目后的第一份工作的收入中位数为 7700 元，参加项目后收入分布的第 25 个百分位点为 6000 元，第 75 个百分位点为 12100 元。一言以蔽之，由表 6-3 可见，不同个体参加项目后的收入不同程度地高于参加项目前的收入。

表 6-3 反映了个体参加积极就业项目前后的收入水平，若每个参与者的收入提升幅度相同，处于参加项目前后收入分布的位置相同，那么就说明积极就业政策对收入流动性的促进作用并不大，积极就业政策仅仅不同程度地提升了个体的收入水平。为了更加详细地反映积极就业政策对于收入流动性的影响，我们在表 6-4 中按照不同积极就业项目汇总了个体参加项目前后收入水平，并进一步计算了项目内前后收入等级斜率和流动率(参照流动性指标构建部分，式 6-2)。关于等级斜率和向上流动率数据，本章第三节会进行详细与全面的说明。

表 6-3　项目前后收入的描述性统计

参加项目前最后一份工作年收入		参加项目后第一份工作年收入	
平均收入(元)	22709. 52	平均收入(元)	46899. 55
中位数收入(元)	6600	中位数收入(元)	7700
25 分位收入(元)	4800	25 分位收入(元)	6000
75 分位收入(元)	10800	75 分位收入(元)	12100
90 分位收入(元)	60000	90 分位收入(元)	144000
99 分位收入(元)	370000	99 分位收入(元)	780000
样本量	4802	样本量	4802

注：(i)年收入按照月工资的 12 倍加总奖金、补贴、红利计算；(ii)计算收入指标时剔除年收入为 0 的样本，仅保留参加项目前后年收入数据不为缺失值且不为 0 的样本；(iii)项目前后年收入均经过上下 1%的缩尾处理。

表 6-4　积极就业项目实施前后的收入分布

	参加项目实施前的收入分布			项目实施前的收入中位数（元）	项目实施后的收入中位数（元）	项目内部前后收入等级斜率	项目实施后的收入分布		向上流动率		项目参与者数量
	底层25%（%）	底层50%（%）	顶层10%（%）				顶层25%（%）	顶层10%（%）	顶层25%（%）	顶层10%（%）	
积极就业项目	（1）	（2）	（3）	（4）	（5）	（6）	（7）	（8）	（9）	（10）	（11）
小额担保贷款	8. 25	13. 14	47. 88	60000	144000	0. 335	46. 06	21. 09	3. 80	1. 74	921
职业培训	24. 05	41. 71	0. 43	7200	9000	0. 602	5. 41	0	1. 30	0	923
职业介绍	32. 12	54. 79	0. 13	6200	7200	0. 523	0. 81	0	0. 26	0	772
社会保险补贴	35. 75	67. 04	0	6000	6000	0. 582	1. 03	0	0. 37	0	1074
公益性岗位	40. 02	67. 72	0	5760	6000	0. 371	0. 45	0	0. 18	0	1112

注：(i)项目内部前后收入等级斜率是在考虑项目固定效应后计算的项目实施后收入等级对项目实施前收入等级的回归系数，见本章第三节表 6-8 和图 6-4(B)所示；(ii)项目实施后的收入分布一栏体现的是收入达到顶层 25%或顶层 10%的项目参与者比例，这些参与者在参加项目前年收入处于底层 25%。向上流动率一栏体现的是指参加项目前年收入处于底层 25%且参加项目后收入处于顶层 25%或顶层 10%的项目参与者比例。

五、模型设定

本章使用边际处理效应模型估计积极就业政策中不同项目的效果，关于边际处理效应模型的具体介绍可见第四章的模型设定。

本章中设定，如果政策执行者根据个体参加项目后的潜在收入进行选择，即当 $cov(D_i, Y_{1i}) \neq 0$ 时，存在撇脂效应。当 $cov(D_i, Y_{1i}) > 0$ 时，说明政策执行者选择参加项目后潜在收入较高的个体参加处理组项目，即存在正向撇脂效应；当 $cov(D_i, Y_{1i}) < 0$ 时，说明政策执行者选择参加项目后潜在收入较低的个体参加处理组项目，即存在负向撇脂效应。

进一步地，将撇脂效应可能对收入流动性产生的影响分为五类：第一类，$cov(D_i, Y_{1i}) > 0$ 且 $cov(D_i, Y_{0i}) > 0$（Y_{0i} 是个体 i 在参加项目前的收入），说明存在正向撇脂效应，并且参加项目前收入较高的个体更可能参加处理组项目，处理组项目具有提高参与者收入水平的作用，正向撇脂效应抑制了收入流动性；第二类，$cov(D_i, Y_{1i}) > 0$ 且 $cov(D_i, Y_{0i}) < 0$，说明存在正向撇脂效应，并且参加项目前收入较低的个体更可能参加处理组项目，正向撇脂效应促进了收入流动性；第三类，$cov(D_i, Y_{1i}) < 0$，$cov(D_i, Y_{0i}) > 0$，说明存在负向撇脂效应，并且参加项目前收入较高的个体更可能参加处理组项目，负向撇脂效应抑制了收入流动性；第四种：$cov(D_i, Y_{1i}) < 0$，$cov(D_i, Y_{0i}) > 0$，说明存在负向撇脂效应，并且参加项目前收入较低的个体更可能参加处理组项目，撇脂效应促进了收入流动性；第五类，$cov(D_i, Y_{0i}) = 0$，则撇脂效应对收入流动性没有影响。

第二节　关于撇脂效应、收入流动性与收入不平等的实证结果

一、各项目实施过程中的撇脂效应检验

（一）选择方程和收入方程

由于本章假设个体 i 是否参加项目 j（某一个提高个人生产力项目中）是一个二分类变量，故本章使用 Probit 模型估计个体被选择参加项目 j 的概率，估计结

果见表6-5。表6-5第(1)、(4)、(7)和(10)列分别展示了职业培训、小额担保贷款、社会保险补贴和公益性岗位项目实施过程中地区政府在选择参与者时受到各种因素的影响结果。在职业培训项目实施过程中，地方政府更倾向于选择农村户籍、受教育水平较低和工作经验较少的个体参加。在小额担保贷款项目实施过程中，地方政府更倾向于选择男性、城镇户籍、受教育水平较高、工作经验较多和家庭负担较重的个体参加。在社会保险补贴项目实施过程中，地方政府更倾向于选择女性、城镇户籍、受教育水平较高、健康状况较差、工作经验较多的个体参加。在公益性岗位项目实施过程中，地方政府更倾向于选择女性、受教育水平较高、工作经验较多的个体参加。

综上所述，在各项目实施过程中地方政府在选择参与者时会在一定程度上考虑个人禀赋，并且各个地方政府在选择不同项目的参与者时是存在差异的，与使用两期效应选择模型从理论上分析得到的结论是一致的。

根据选择模型估计的个体参加提高个人生产力项目的倾向得分 $P(Z_i)$，计算出收入方程的修正项逆米尔斯系数λ_{1i}和λ_{0i}，并将λ_{1i}和λ_{0i}添加到收入方程中。由于收入是连续变量，故本章在此使用OLS估计，具体估计结果如表6-5所示。

表6-5第(2)和(3)列报告了职业培训项目处理组(参加职业培训项目，$D=1$)和控制组(参加职业介绍项目，$D=0$)参加项目后收入方程的估计结果。结果显示，性别、户籍、受教育水平、失业率等因素对控制组和处理组参加项目后的收入均有显著影响，自评健康状况、政治身份等因素只对控制组参加项目后的收入有显著正向影响，而对控制组的影响不显著。表6-5第(5)和(6)列报告了小额担保贷款项目处理组(参加小额担保贷款项目，$D=1$)和控制组(参加职业介绍项目，$D=0$)参加项目后的收入方程的估计结果。结果显示，户籍、自评健康状况、政治身份、工作经验、失业率和GDP增长率等因素对处理组和控制组参加项目后的收入均有显著影响。表6-5第(8)和(9)列报告了社会保险补贴项目处理组(参加小额担保贷款项目，$D=1$)和控制组(参加职业介绍项目，$D=0$)参加项目后收入方程的估计结果。结果显示，性别、自评健康状况、工作经验、GDP增长率等因素只对处理组参加项目后的收入有显著影响，对控制组的影响不显著；民族、政治身份和失业率等因素对控制组和处理组参加项目后的收入具有显著影响。表6-5第(11)和(12)列报告了公益性岗位项目处理组(参加公益性岗位项目，$D=1$)

表 6-5　选择与收入的影响因素

	职业培训			小额担保贷款			社会保险补贴			公益性岗位		
	(1)	(2)	(3)	(4)	(5)	(6)	(7)	(8)	(9)	(10)	(11)	(12)
	选择模型	收入模型		选择模型	收入模型		选择模型	收入模型		选择模型	收入模型	
		处理组	控制组		处理组	控制组		处理组	控制组		处理组	控制组
民族	0.117	0.130*	0.0522	-0.175	0.315	0.164***	-0.0789	0.0985**	0.101*	-0.276**	-0.158***	0.0364
	(0.128)	(0.0736)	(0.0568)	(0.141)	(0.204)	(0.0539)	(0.132)	(0.0397)	(0.0520)	(0.132)	(0.0530)	(0.0763)
性别	0.0398	0.346***	0.112***	0.385***	-0.493***	-0.0441	-0.511***	0.169***	0.0639	-0.257***	-0.0725*	0.0670
	(0.0565)	(0.0400)	(0.0299)	(0.0580)	(0.110)	(0.0452)	(0.0648)	(0.0564)	(0.0585)	(0.0596)	(0.0385)	(0.0615)
户籍类型	-0.544***	-0.242*	0.237*	0.274**	-0.369**	-0.151**	0.266**	-0.0443	-0.00999	0.0313	-0.170***	-0.0306
	(0.0914)	(0.136)	(0.138)	(0.121)	(0.150)	(0.0646)	(0.128)	(0.0571)	(0.0648)	(0.109)	(0.0463)	(0.0619)
受教育水平	-0.0268**	0.0210*	0.0403***	0.0455***	-0.0615***	0.00269	0.0350**	0.00302	0.0325***	0.0229*	0.0168***	0.0340***
	(0.0127)	(0.0110)	(0.00920)	(0.0139)	(0.0196)	(0.00909)	(0.0141)	(0.00603)	(0.00790)	(0.0131)	(0.00529)	(0.00845)
自评健康状况:很不好为对照组												
不太好	-0.263	-0.220	0.296*	-0.339	1.187**	0.400***	-0.468	0.000613	0.123	-0.398	-0.0510	0.0827
	(0.394)	(0.294)	(0.160)	(0.431)	(0.483)	(0.133)	(0.306)	(0.0775)	(0.172)	(0.357)	(0.156)	(0.180)
一般	-0.0852	0.0777	0.358**	-0.0573	1.173***	0.419***	-0.585**	0.0674	0.248	-0.289	0.0641	0.256
	(0.376)	(0.270)	(0.143)	(0.410)	(0.430)	(0.118)	(0.290)	(0.0769)	(0.167)	(0.342)	(0.149)	(0.162)
较好	-0.157	0.178	0.347**	0.0343	1.077**	0.338***	-0.868***	0.153*	0.161	-0.535	0.0717	0.145
	(0.375)	(0.271)	(0.145)	(0.409)	(0.428)	(0.114)	(0.291)	(0.0905)	(0.179)	(0.342)	(0.158)	(0.187)

续表

	职业培训			小额担保贷款			社会保险补贴			公益性岗位		
	(1)	(2)	(3)	(4)	(5)	(6)	(7)	(8)	(9)	(10)	(11)	(12)
	选择模型	收入模型		选择模型	收入模型		选择模型	收入模型		选择模型	收入模型	
		处理组	控制组		处理组	控制组		处理组	控制组		处理组	控制组
很好	-0.105	0.187	0.404***	0.276	0.831*	0.296***	-0.867***	0.174*	0.239	-0.534	0.118	0.222
	(0.376)	(0.268)	(0.144)	(0.408)	(0.433)	(0.115)	(0.293)	(0.0905)	(0.177)	(0.343)	(0.159)	(0.184)
政治身份	0.0141	-0.0572	-0.102**	0.166*	-0.517***	-0.199***	0.0744	0.0834***	-0.0907**	0.132	0.0952***	-0.0663
	(0.0897)	(0.0545)	(0.0450)	(0.0855)	(0.116)	(0.0482)	(0.0907)	(0.0303)	(0.0458)	(0.0856)	(0.0316)	(0.0529)
工作单位所在地	-0.138	0.0416	-0.0256	-0.297**	0.611***	0.0578	0.332**	-0.0659	-0.0482	-0.221	-0.213***	-0.143*
	(0.124)	(0.0737)	(0.0752)	(0.138)	(0.194)	(0.0738)	(0.159)	(0.0623)	(0.0741)	(0.135)	(0.0589)	(0.0772)
工作经验	-0.0149***	-0.00384	3.95e-05	0.0242***	-0.0326***	-0.0174***	0.0522***	-0.0129**	0.000977	0.0392***	0.00989*	0.00395
	(0.00359)	(0.00460)	(0.00302)	(0.00416)	(0.00705)	(0.00311)	(0.00440)	(0.00548)	(0.00572)	(0.00406)	(0.00529)	(0.00851)
家庭规模	0.0627*			-0.0302			-0.0128			-0.0193		
	(0.0339)			(0.0362)			(0.0390)			(0.0366)		
有收入人数	-0.0700*			0.0137			-0.120***			-0.0502		
	(0.0386)			(0.0412)			(0.0463)			(0.0429)		
家庭负担	-0.00178			0.249***			-0.0263			-0.0209		
	(0.0369)			(0.0435)			(0.0407)			(0.0409)		
失业率	-0.181***	-0.267***	-0.189***	0.0583	-0.575***	-0.240***	-0.466***	-0.301***	-0.336***	-0.186**	-0.375***	-0.320***
	(0.0671)	(0.0656)	(0.0502)	(0.0782)	(0.0909)	(0.0355)	(0.0779)	(0.0464)	(0.0660)	(0.0759)	(0.0283)	(0.0588)

续表

	职业培训			小额担保贷款			社会保险补贴			公益性岗位		
	(1)	(2)	(3)	(4)	(5)	(6)	(7)	(8)	(9)	(10)	(11)	(12)
	选择模型	收入模型		选择模型	收入模型		选择模型	收入模型		选择模型	收入模型	
		处理组	控制组		处理组	控制组		处理组	控制组		处理组	控制组
GDP 增长率	-0.0166***	-0.0017	0.0053	-0.0452***	0.0940***	0.0129**	-0.0408***	0.0094**	-0.00752	-0.0506***	-0.0297***	-0.0125
	(0.00589)	(0.00572)	(0.00536)	(0.00796)	(0.0142)	(0.00616)	(0.00758)	(0.00478)	(0.00585)	(0.00807)	(0.00619)	(0.00934)
就业资金增长率	0.0411***	-0.00754	-0.0253***	0.0125	-0.113***	-0.0103**	0.0535***	-0.0263***	0.000811	0.0303***	-0.0152***	0.00105
	(0.00713)	(0.0121)	(0.00871)	(0.00885)	(0.0102)	(0.00401)	(0.00759)	(0.00478)	(0.00719)	(0.00736)	(0.00452)	(0.00770)
λ_{1i}		-0.454			2.181***			0.0930			-0.545***	
		(0.449)			(0.349)			(0.156)			(0.195)	
λ_{0i}			0.694**			0.771***			-0.234			-0.412
			(0.303)			(0.164)			(0.162)			(0.317)
常数项	1.768***	9.429***	8.074***	-3.614***	16.24***	9.248***	0.880	10.31***	9.749***	0.870	10.00***	9.948***
	(0.625)	(0.331)	(0.663)	(0.705)	(0.851)	(0.209)	(0.650)	(0.209)	(0.317)	(0.663)	(0.250)	(0.445)
样本量	2,374	960	867	2,151	969	867	2,345	1,249	867	2,348	1,252	867
R-squared		0.179	0.238		0.243	0.261		0.300	0.236		0.338	0.236

注：***、**和*分别表示在1%、5%和10%的水平上显著；括号内为稳健标准误。

和控制组(参加职业介绍项目, $D=0$)参加项目后收入方程的估计结果。民族、性别、户籍、政治身份、工作经验等因素对处理组参加项目后的收入有显著影响，而对控制组的影响不显著；政治身份、工作单位所在地和失业率等因素对控制组和处理组参加项目后的收入均有显著影响。

基于收入方程的估计结果，可预测出每个个体参加职业介绍项目后的收入(Y_{0i})和参加项目j后的收入(Y_{1i})。如此，对于参加项目j的个体，我们可以估计其参加职业介绍后的项目结果；对于参加职业介绍项目的个体，我们则可以估计其参加项目j的项目结果。

(二)撇脂效应

表6-6列出了各个积极就业项目实施过程中的撇脂效应。职业培训项目中个人倾向得分与参加项目后收入的相关系数为0.1592，且在1%的水平上显著，说明在职业培训项目实施过程中地方政府更倾向于选择项目结果更好的个体参加，存在正向撇脂效应。小额担保贷款项目中个人倾向得分与参加项目后收入的相关系数为0.0157，相关性不显著，说明在该项目实施过程中地方政府在选择参与者时较少考虑个体参加项目后的收入，撇脂效应较弱。撇脂效应较弱并不代表不存在选择，一方面，参加小额担保贷款项目的个体往往需要具备创业能力等，只是缺乏资金支持；另一方面，参加小额担保贷款项目往往会带来较高的项目结果，所以政府不必担心项目结果能否达标，故减弱了对项目结果的考虑也是可以理解的。社会保险补贴和公益性岗位项目中个人倾向得分与参加项目后收入的相关系数分别为-0.5418和-0.2857，均在1%的水平上显著，说明在社会保险补贴和公益性岗位项目实施过程中地方政府更倾向于选择项目结果更差的个体参加，存在负向撇脂效应。

表6-6　各项目实施过程中的撇脂效应程度

	(1)	(2)
项目名称	$\text{cov}(D_i,\ \ln Y_{1i})$	$\text{cov}(D_i,\ Y_{1i})$
职业培训	0.1592***	0.1673***

续表

	(1)	(2)
小额担保贷款	0.0157	−0.0521**
社会保险补贴	−0.5418***	−0.5473***
公益性岗位	−0.2857***	−0.2709***

注：***、**和*分别表示在1%、5%和10%的水平上显著。

进一步地，为了更加详细地描绘积极就业政策中各个项目的撇脂效应，图6-1分别展示了个体参与不同积极就业项目后收入与倾向得分的关系。图6-1(a)中实线展示了个体参加职业培训项目后收入与倾向得分的关系，二者呈正相关关系。虚线则展示了个体参加项目前收入与倾向得分的关系，二者呈正相关关系，说明参加项目前收入较高的个体更可能被选择参加职业培训项目。职业培训项目中存在的正向撇脂效应导致参加项目前收入较高个体更可能参加该项目，并且参加职业培训项目给最可能参加该项目的个体带来的收入增加值最小，所以职业培训项目的正向撇脂效应抑制了该项目的收入流动性。

图6-1(b)中实线展示了个体参加小额担保贷款项目后收入与倾向得分的关系，随着倾向得分的改变，收入几乎不变，且该值远大于个体参加其他三个项目后收入的最大值。虚线则展示了个体参加项目前收入与倾向得分的关系，随着倾向得分增加，个体收入缓慢增加。对比个体参加小额担保贷款项目前后的收入可知，参加小额担保贷款项目能够较大程度地增加个体的收入。小额担保贷款项目通过帮助个体解决自谋职业和创业过程中资金不足的问题，获得创业初始资本。需要用到小额贷款来帮助自己解决以上问题的个体，其本身能力往往就高于普通人，这一点从表6-2的描述性统计结果中可以得到验证，表6-2结果显示，能够参加该项目的个体都具有较好的健康状况、较高的受教育水平，且参加项目前的收入也较高。

图6-1(c)中实线展示了个体参加社会保险补贴项目后收入与倾向得分的关系，二者呈负相关关系。虚线展示了个体参加项目前收入与倾向得分的关系，二者呈负相关关系。说明地方政府更倾向于选择参加项目后收入较低的个体参加社会保险补贴项目，与此同时，参加项目后收入较低个体在参加项目前的收入也较

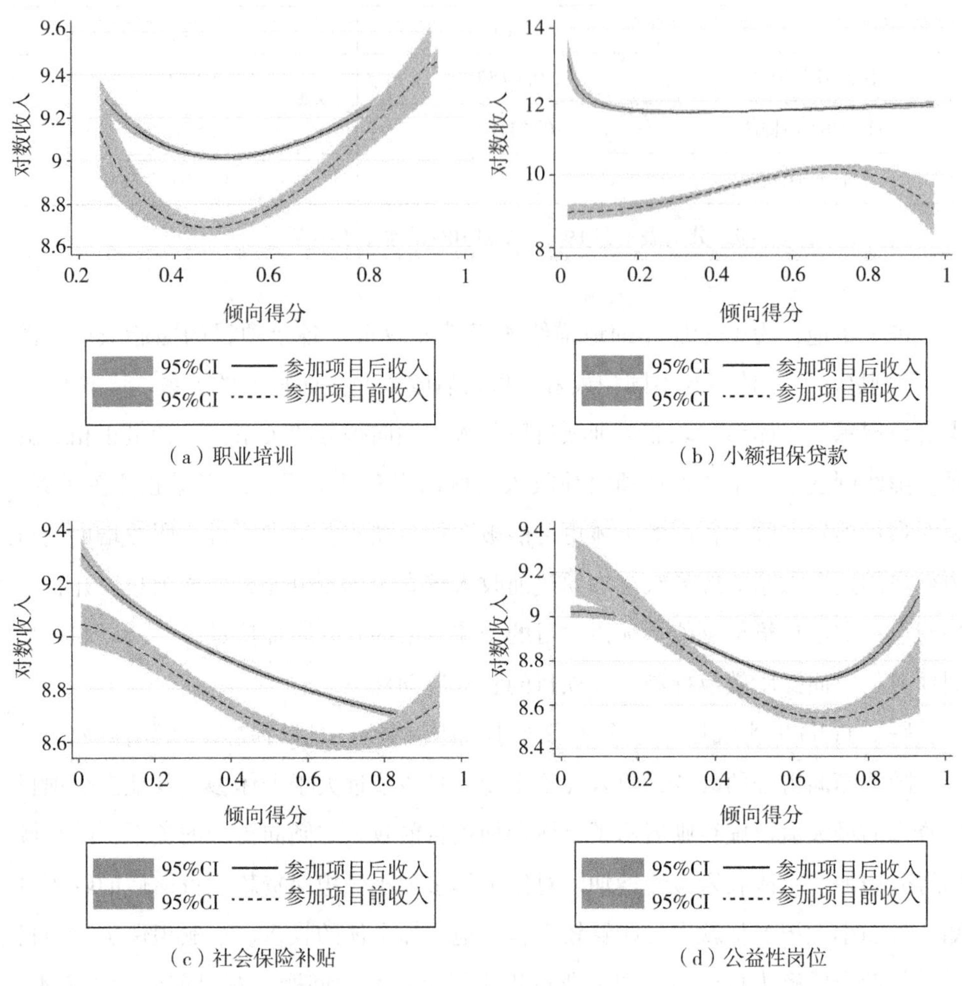

（a）职业培训　　（b）小额担保贷款

（c）社会保险补贴　　（d）公益性岗位

图 6-1　各项目实施过程中的撇脂效应

低，并且参加社会保险补贴给收入较低的个体带来的收入增加值较大。所以撇脂效应导致较低收入者被选择参加社会保险补贴项目，促进了收入流动性。

图 6-1(d)中实线展示了个体参加公益性岗位项目后收入与倾向得分的关系，二者呈负相关关系。虚线展示了个体参加项目前收入与倾向得分的关系，二者呈负相关关系，说明地方政府更倾向于选择参加项目后收入较低的个体参加公益性岗位项目。对于拥有较高收入的个体来说，如果参加公益性岗位项目，不仅不会

提高其收入，还会导致其收入不如参加项目前。但是对于参加项目前收入较低的个体来说，参加公益性岗位则会提高其收入。故撇脂效应的存在，促进了公益性岗位能够带来的收入流动性。

(三)稳健性检验

考虑到以上结果均以 U_{0i}、U_{1i} 和 U_{Di} 服从联合正态分布为假设前提，为了克服这一假设的局限性，本章在此放松联合正态分布假设。使用倾向得分的多项式对收入方程进行纠正，以此进行稳健性分析。主要做法是将 MTE 估计中的逆米尔斯系数换为倾向得分的多项式，重新估计个体参加项目后的收入。进一步得到个体参加职业培训、小额担保贷款、社会保险补贴和公益性岗位等项目倾向得分与项目结果的关系，结果如表 6-7 第(1)列所示。结果显示，职业培训、小额担保贷款、社会保险补贴和公益性岗位中个人倾向得分与参加项目后收入的相关系数分别为 0.1810、0.0261、-0.5522 和-0.2956，除了小额担保贷款项目的相关系数不显著外，其他项目的相关系数均在 1%水平下显著，与基准结果保持一致。

表 6-7　各项目撇脂效应稳健性检验

项目名称	$cov(D_i, \ln Y_{1i})$		$cov(D_i, Y_{1i})$	
	(1)	(2)	(3)	(4)
	替换估计方法	重新定义收入	替换估计方法	重新定义收入
职业培训	0.1810***	0.1778***	0.1876***	0.1898***
小额担保贷款	0.0261	0.0157	-0.0399*	-0.0521**
社会保险补贴	-0.5522***	-0.5752***	-0.5596***	-0.5802***
公益性岗位	-0.2956***	-0.2016***	-0.2858***	-0.1813***

注：***、**和*分别表示在 1%、5%和 10%的水平上显著。

另外，基准结果里涉及的收入包含了工资、奖金、补贴和津贴，但是积极就业项目可能更多地提升了个体的工作能力或促进了工作匹配过程，工资受其影响较大，而奖金、补贴和津贴受工作性质的影响较大，与个人能力提升的关系不大，如果把这部分收入也考虑进来容易对工资方程造成影响。为了检验该影响是否导致估计结果的不准确，本章在此将收入定义为只包含工资，重新估计个体参加项目后收入。进一步得到个体参加职业培训、小额担保贷款、社会保险补贴和公益性岗位等项目倾向得分与项目结果的关系，结果如表 6-7 第(2)列所示。结果显示，职业培训、小额担保贷款、社会保险补贴和公益性岗位中个人倾向得分与参加项目后收入的相关系数分别为 0.1778、0.0157、-0.5752、-0.2016，除了小额担保贷款项目的相关系数不显著外，其他项目的相关系数均在 1%的水平下显著，与基准结果保持一致。

由于本节使用到的收入为收入取对数后的结果，而本节将撇脂效应定义为 $\mathrm{cov}(D_i,\ Y_{1i})$，而不是 $\mathrm{cov}(D_i,\ \ln Y_{1i})$。为了避免对收入取对数造成的撇脂效应测度偏差，本节使用 $\mathrm{cov}(D_i,\ Y_{1i})$ 重新测度各项目的撇脂效应，结果如表 6-6 第(2) 列和表 6-7 第(3)、(4) 列所示。除了小额担保贷款项目，使用 $\mathrm{cov}(D_i,\ Y_{1i})$ 与 $\mathrm{cov}(D_i,\ \ln Y_{1i})$ 测度各项目的撇脂效应没有本质区别，进一步验证了估计结果的稳健性。

二、各项目实施过程中的收入流动性

(一)参加项目前收入分层情况

本部分将对个体在参加每个积极就业项目前的收入分层情况进行分析。这是关系到积极就业政策在收入流动性方面作用的三个关键因素(不同项目参加者在项目前的收入水平、不同项目参加者在项目后的收入水平、不同项目对参加者收入水平的提升效果)中的首要因素。简而言之，如果由于撇脂效应的存在，导致某个积极就业项目很少有收入水平较低的个体参加，那么就意味着不能帮助该个体实现收入的流动。因此，了解各积极就业项目参加者在参加项目前的收入分层状况是评估积极就业政策如何影响收入流动性的第一步。

本书利用 2008 年世界银行数据分析了样本在参加项目前的收入分层情况。图 6-2 绘制了五个积极就业项目样本在参加项目前的收入分布情况，反映了不同积极就业项目之间的差异。图 6-2 显示了参加项目前收入分布中四分位数的参加者比例(每个项目样本在参加项目前收入的排名情况)。在所有的小额担保贷款项目参加者中，8.25%的参加者在参加项目前收入处于 Q1 层(收入小于等于

4800 元/年)，而 80%以上的参加者在参加项目前收入处于 Q4 层(收入大于 10800 元/年)，4. 13%的参加者在参加项目前收入处于最高 1%的位置(收入大于 370000 元/年)。

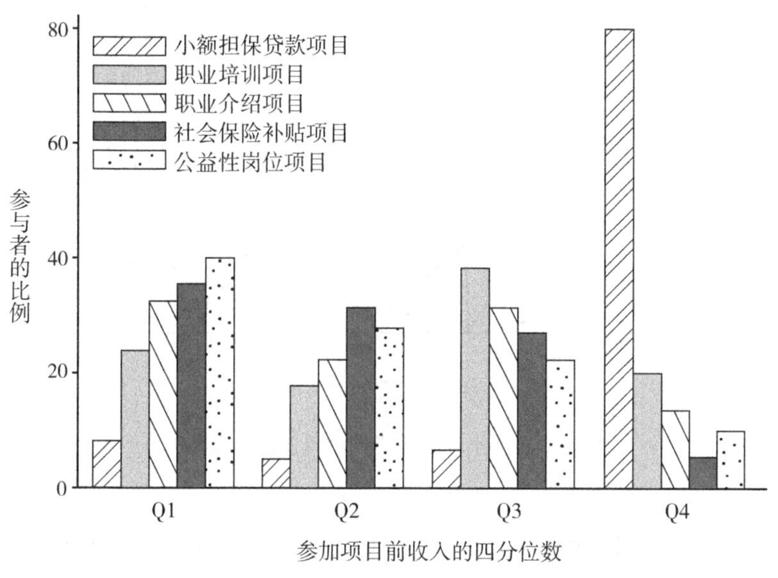

图 6-2　参加各项目前的收入分布

图 6-3 进一步刻画了小额担保贷款项目的参与者在参加项目前的收入分布，即小额担保贷款项目的参与者处于特定收入排名(收入分位数)的比例。可以更明显地看到参加项目前收入分布的高度倾斜性，政府倾向于选择在参加项目前收入更高的个体进入到小额担保贷款项目中。对小额担保贷款项目而言，参加项目前收入处于顶层 10%的参与者比例(47. 88%)与参加项目前收入处于底层 90%的参与者比例(52. 12%)相当。并且，只有 7. 71%的小额担保贷款项目参加者在参加项目前收入处于底层 20%，这意味着参加项目前收入处于顶层 10%的个体经政府选择进入小额担保贷款项目的可能性是参加项目前收入处于底层 20%的个体的 6. 2 倍。

回到图 6-2 中，与另外三个积极就业项目相比，公益性岗位项目和社会保险补贴项目的参加者在参加项目前的收入分布呈现同样的变动趋势，即随着参加项

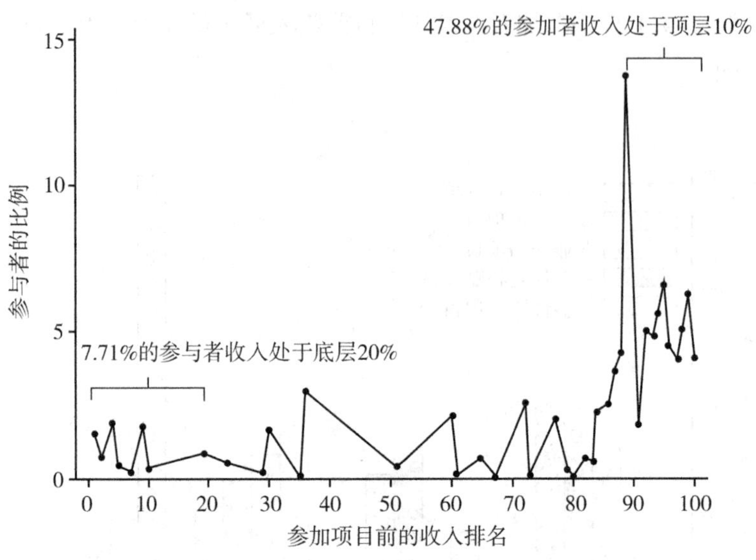

图 6-3　参加小额担保贷款项目前的收入分布

目前收入的下降，个体被政府选择参加这两个项目的可能性单调上升。这两个项目唯一的不同点在于：参加项目前收入处于 Q1 层和 Q4 层的参加者中，参加公益性岗位项目的人数占比略高于社会保险补贴项目的人数占比。收入处于 Q1 层和 Q4 层的参加者中，参加公益性岗位项目的人数占比分别为 40. 02%和 9. 89%，均高于参加社会保险补贴项目 35. 75%和 5. 40%的人数占比。参加项目前收入处于中间两个分层——Q2 和 Q3 层的参加者中，参加公益性岗位项目的人数占比略低于参加社会保险补贴项目的人数占比。公益性岗位项目参加者中收入处于 Q2 层和 Q3 层的比例分别为 27. 70%和 22. 39%，低于社会保险补贴项目 31. 28%和 27. 56%的比例。在五个积极就业项目中，职业介绍项目和职业培训项目参加者在参加项目前的收入分布更加均匀，大多数人在参加项目前的收入处于 Q1、Q2、Q3 层，只有 13. 60%的职业介绍项目参加者和 19. 93%的职业培训项目参加者在参加项目前的收入处于 Q4 层。

图 6-2 和图 6-3 显示了参加不同积极就业项目的个体，其在参加项目前收入分布的巨大差异。表 6-4 中列出了五种积极就业项目的参加者在参加项目前的收

入分布的统计数据。表 6-4 中展示了不同积极就业项目下的收入流动性。参加项目前收入处于 Q1 层的参加者比例随着项目选择性的降低而上升，从小额担保贷款项目的 8.25%到职业培训项目的 24.05%，再到公益性岗位项目的 40.02%。在这三个项目中，参加项目前收入处于顶层 10%的参与者比例从 47.88%下降到 0.43%和 0%。

(二)参加项目后收入结果

本部分研究个体参加积极就业项目后的收入结果。图 6-4(a)展示了个体在参加项目前的收入等级与其在参加项目后的收入等级之间的相关性。参加项目前收入等级较高的个体在参加项目后的收入等级也较高：平均而言，个体参加项目前的收入等级增加 1 个百分点，其在参加项目后的收入等级就会增加 0.693 个百分点。也就是说，相对于参加项目前收入较低的个体，那些参加项目前收入较高的个体，其在参加项目后的平均收入依然较高。

接下来，按照积极就业项目类型划分子样本，计算出单个项目的参与者的项目前后收入等级斜率①。同时，计算出全体样本即所有项目的参与者的项目前后收入等级斜率。项目前后收入等级斜率衡量的是该项目在促进收入流动性上的作用，项目前后收入等级斜率越大，说明该项目促进收入流动性的作用越小。如果每个子样本的项目前后收入等级斜率与全体样本的项目前后收入等级斜率相同，那么将全体样本中的项目参与者在不同积极就业项目之间进行重新分配也不会影响收入流动性。如果个体参加某个项目后的收入与参加项目前的收入差距较小，或者说收入相似，那么让更多的个体参加到该项目中就可能会增加收入流动性。

图 6-4(b)呈现了五个子样本(每个子样本分别代表参加不同积极就业项目的参与者)的项目前后收入等级斜率。在各个积极就业项目中，项目前后收入等级

① 项目前后收入等级斜率的计算方式：使用项目参与者参加项目后的收入等级对参加项目前的收入等级进行回归，从而估计出回归模型中的斜率。将这种估计出的斜率称为项目前后收入等级斜率。

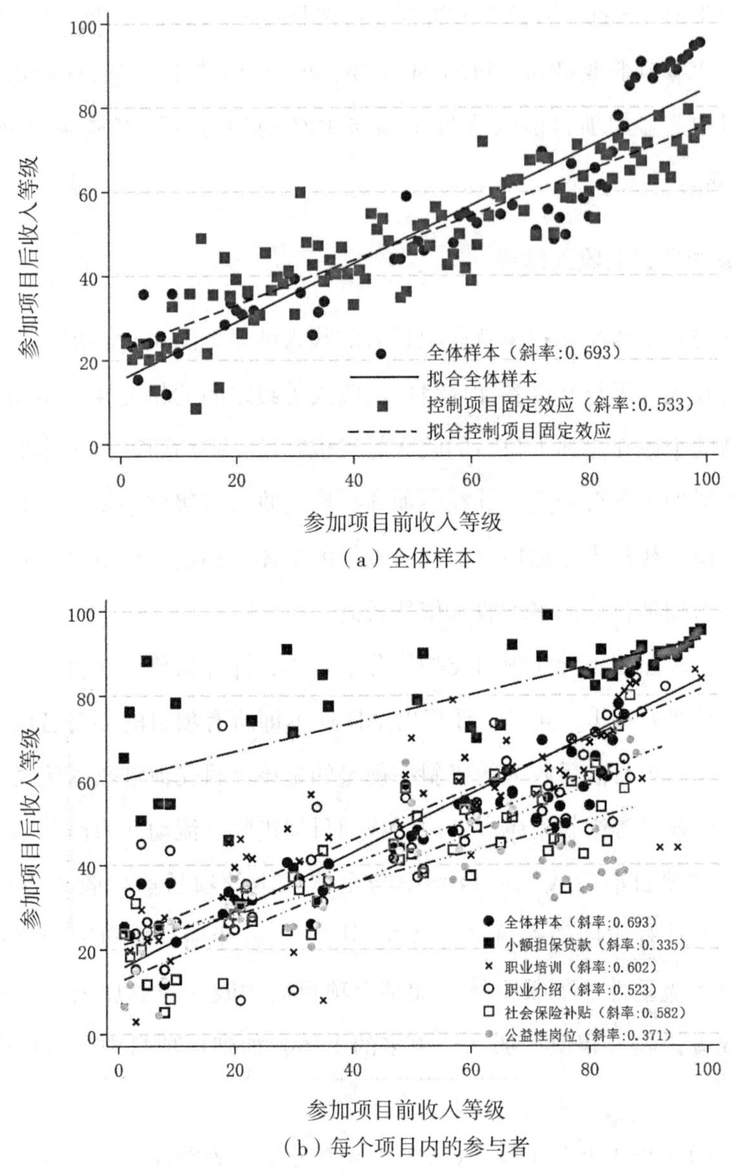

图 6-4　项目内部的参加项目前后收入等级关系

斜率最小的是小额担保贷款项目，为 0.335，约为全体样本的项目前后收入等级斜率(0.693)的 50%；项目前后收入等级斜率最大的是职业培训项目，为 0.602，仍只有全体样本的项目前后收入等级斜率(0.693)的86.87%；社会保险补贴项目、职业介绍项目和公益性岗位项目的项目前后收入等级斜率分别为0.582、0.523和0.371。

综上所述，从全体样本的估计结果来看，参加项目前收入等级较低的群体，其在参加项目后的平均收入等级也较低；参加项目前收入等级较高的群体，其在参加项目后的平均收入等级也较高。从不同积极就业项目的子样本来看，小额担保贷款项目的收入流动性最大，职业培训项目的收入流动性最小。

(三)敏感性测试

我们通过替换收入的定义方式和子样本来检验以上结果的稳健性，具体结果如表6-8所示。表6-8中第(1)列数据为基准估计结果，横向来看，A组的数据复现了图6-4(a)中全体样本的项目前后收入等级斜率结果，在A组的基础上增加了对积极就业项目固定效应的控制。结果显示，增加对积极就业项目固定效应的控制之后，全体样本的项目前后收入等级斜率为0.533，相对于不控制积极就业项目固定效应时减少了23%。

表6-8第(2)列是替换被解释变量的估计结果，具体做法是使用个体的基本工资收入变量(不包括奖金、津贴与红利)替换包括奖金、津贴与红利的年收入变量。表6-8第(3)、(4)列展示了不同性别的参与者的项目前后收入等级斜率。不管是从全体样本还是子样本来看，男性的项目前后收入等级斜率均大于女性的项目前后收入等级斜率，说明积极就业项目对女性的收入流动性促进作用大于男性，特别是在小额担保贷款项目中，这种差异更大。

表6-8第(5)、(6)列展示了不同受教育程度的参与者的项目前后收入等级斜率。B组数据中，受过高中及以上教育(受教育年限为9年以上)的人群在控制项目固定效应后的项目前后收入等级斜率为0.471，只接受过义务教育(受教育年限为9年及以下)的参与者的项目前后收入等级斜率为0.597。小额担保贷款项目的参与者的项目前后收入等级斜率最小。

表 6-8　个体参加项目前后收入等级关系的敏感性测试

被解释变量	全体样本		男性	女性	受教育年限≤9 年	受教育年限>9 年
	参加项目后收入等级	参加项目后收入等级(基本工资收入)	参加项目后收入等级		参加项目后收入等级	
	(1)	(2)	(3)	(4)	(5)	(6)
A 组：全体样本	0.693	0.693	0.776	0.628	0.734	0.659
参加项目前收入等级	(0.003)	(0.004)	(0.006)	(0.005)	(0.007)	(0.005)
B 组：全体样本(控制项目固定效应)	0.533	0.519	0.580	0.502	0.597	0.471
参加项目前收入等级	(0.003)	(0.003)	(0.007)	(0.004)	(0.006)	(0.004)
C 组：小额担保贷款项目参加者	0.335	0.332	0.498	0.140	0.272	0.365
参加项目前收入等级	(0.006)	(0.006)	(0.010)	(0.006)	(0.013)	(0.007)
D 组：职业培训项目参加者	0.602	0.591	0.576	0.574	0.750	0.505
参加项目前收入等级	(0.008)	(0.009)	(0.016)	(0.015)	(0.021)	(0.011)
E 组：职业介绍项目参加者	0.523	0.494	0.663	0.454	0.577	0.485
参加项目前收入等级	(0.010)	(0.008)	(0.024)	(0.012)	(0.028)	(0.013)
F 组：社会保险补贴项目参加者	0.582	0.545	0.652	0.564	0.600	0.544
参加项目前收入等级	(0.008)	(0.009)	(0.029)	(0.011)	(0.015)	(0.015)
G 组：公益性岗位项目参加者	0.371	0.354	0.402	0.365	0.546	0.247
参加项目前收入等级	(0.009)	(0.009)	(0.017)	(0.013)	(0.018)	(0.012)

(四)项目间收入结果的异质性

鉴于不同积极就业项目在促进参与者收入流动性方面具有异质性，可根据式(6-1)和式(6-2)构建的流动性指标来计算不同项目的收入结果和向上流动率。表6-9详细列出了五种积极就业项目的向上流动率(按照向上流动率从高到低进行排序)。无论是在A组还是B组中，向上流动率最高的积极就业项目都是小额担保贷款项目。首先，根据A组的结果可知，小额担保贷款项目的参与者中，8.25%的人在参加小额担保贷款项目之前收入处于Q1层，在这些人中，参加小额担保贷款项目之后收入处于Q4层的比例为46%，故小额担保贷款项目的向上流动率为3.8%。而在其他几类积极就业项目的参与者中参加项目之前收入处于Q1层的比例均较大(24%~40%)，但是由于参加项目之前收入处于Q1层的个体在参加项目之后收入达到Q4层的数量较少，可以判定这几类项目的向上流动率较小。其次，我们在计算向上流动率时，将参与者参加项目后收入处于Q4层的概率替换为收入处于顶层10%的概率，具体计算结果如表6-9所示，结果依然显示小额担保贷款项目的向上流动率最高。

表6-9　积极就业项目流动率分解表(按流动率从高到低进行排序)

排序	项目名称	参加项目前为低收入者的概率	×	参加项目后转为高收入者(Q4层)的概率	=	向上流动率
A组：按照项目前收入处于Q1到项目后收入处于Q4层计算的向上流动率						
1	小额担保贷款	8.25%		46.06%		3.80%
2	职业培训	24.05%		5.41%		1.30%
3	社会保险补贴	35.75%		1.03%		0.37%
4	职业介绍	32.12%		0.81%		0.26%
5	公益性岗位	40.02%		0.45%		0.18%

续表

排序	项目名称	参加项目前为低收入者的概率	×	参加项目后转为高收入者（顶层 10%）的概率	=	向上流动率
B 组：按照项目前收入处于 Q1 到项目后收入处于顶层 10%计算的向上流动率						
1	小额担保贷款	8. 25%		21. 09%		1. 74%
2	职业培训	24. 05%		0%		0%
2	社会保险补贴	35. 75%		0%		0%
2	职业介绍	32. 12%		0%		0%
2	公益性岗位	40. 02%		0%		0%

注：按向上流动率从高到低进行排序。

三、各项目实施过程中的收入不平等

（一）基尼系数

本部分使用基尼系数测度收入不平等，总体项目及单个项目的基尼系数如表 6-10 所示。就总体项目而言，参加项目前的基尼系数(0. 6968)和参加项目后的基层系数(0. 7808)均大于单个项目的基尼系数，所有项目的参与者的收入不平等来源于两个方面：一个是单个项目的参与者之间的收入不平等，另一个是不同项目的参与者之间的收入不平等。

从总体项目来看，相对于参加项目前的基尼系数，参加项目后的基尼系数变大了，说明积极就业政策总体上加剧了收入不平等。从每个项目内部来看，参加项目后的基尼系数比参加项目前的基尼系数更小，说明收入不平等情况有所缓解。失业者参加不同的积极就业项目后，总体收入不平等程度在增加，而各个项目内部的不平等程度在减少，各项目之间的收入不平等程度也在增加。

表 6-10　参加项目前和参加项目后的收入不平等

项目名称	参加项目前的基尼系数(1)	参加项目后的基尼系数(2)
总体项目	0.6968	0.7808
职业培训	0.3809	0.3475
职业介绍	0.3028	0.2685
小额担保贷款	0.5274	0.4889
社会保险补贴	0.2360	0.2118
公益性岗位	0.3235	0.2041

(二)泰尔指数

虽然基尼系数在反映总体收入不平等程度上比较常用，但是其不能将总体收入不平等分解为组内(单个项目的参与者)收入不平等和组间(各个项目的参与者之间)收入不平等，所以本章对泰尔指数进行分解，将总体收入不平等分解为组内和组间不平等。具体结果如表 6-11 所示。

表 6-11　组内和组间不平等

项目名称	项目实施前的泰尔指数	项目实施后的泰尔指数	项目实施前		项目实施后	
			组内收入不平等的贡献率	组间收入不平等的贡献率	组内收入不平等的贡献率	组组收入不平等的贡献率
总体项目	1.11833	1.40179	36.44%	63.56%	26.07%	73.93%
职业培训	0.30658	0.27738	—	—	—	—
职业介绍	0.17991	0.22464	—	—	—	—
小额担保贷款	0.47977	0.39769	—	—	—	—
社会保险补贴	0.09874	0.07303	—	—	—	—
公益性岗位	0.18924	0.09129	—	—	—	—

由表6-11可知，总体上看项目实施后的泰尔指数(1.40179)大于项目实施前的泰尔指数(1.11833)，说明项目的实施增加了样本中个体间的收入差距。通过对泰尔指数进行分解发现，在项目实施前组内收入不平等对总体收入不平等的贡献率为36.44%，项目实施后收入不平等对总体收入不平等的贡献率为26.07%，说明组内收入差距可通过参加相同项目而减少。相应地，项目实施前组间收入不平等对总体收入不平等的贡献率为63.56%，项目实施后该数据为73.93%，说明项目的实施增加了不同项目间的收入差距。综上所述，总体上看项目实施后的收入差距变大主要来自项目间收入差距的增加。以上结论与将基尼系数作为收入不平等的测度指标得到的结论一致。

第三节　反事实分析

一、随机选择机制

为了探究政府选择所导致的撇脂效应是否对各项目的收入流动性及收入不平等产生影响，本章考虑作一个比较极端的假设：政府选择个体参加职业介绍项目或者参加提高个人生产力项目是随机的，此时不存在撇脂效应。这种随机选择机制下的情况与真实情况的差异刻画了政府选择对收入流动性和收入不平等的影响。

随机选择过程具体分为四个步骤。第一步，由于真实情况下职业介绍项目的样本量为772人，故在反事实情况下，本章在五个项目中分层随机抽取772个样本作为控制组，让这些个体参加职业介绍项目(按照各项目的人数占比，在职业培训、职业介绍、小额担保贷款、社会保险补贴及公益性岗位项目中分别抽取的样本数为148、124、148、173、179)。第二步，将第一步抽取之后的剩余样本随机分配到其他四个项目中(随机分配到职业培训、小额担保贷款、社会保险补贴及公益性岗位项目中的样本数为148、148、173、179)。第三步，依据反事实情况，对个体参加项目后的收入进行调整。对于不同个体，其参加项目后的收入有四种情况：①处理组中的个体，经随机选择后依然在处理组，其收入为参加项目后的真实收入；②处理组中的个体，经随机选择后去了控制组，其收入为预测收

入 e^{Y_0}；③控制组中的个体，经随机选择后依然在控制组，其收入为参加项目后的真实收入；④控制组中的个体，经随机选择后去了处理组，其收入为预测收入 e^{Y_1}。第四步，为避免因随机抽样中的偶然性导致结果有偏，重复上述三步，并且计算每次随机选择过程下每个项目的收入流动性及收入不平等指标。最后对计算出来的收入流动性及不平等指标求平均值，以此作为最终展示结果。

(一)收入流动性

将随机选择过程分别重复 500 次和 1000 次，计算随机选择机制下各个项目的收入流动性，并对经多次随机选择过程得到的收入流动性求平均值，得到随机选择机制下的收入流动性，具体如表 6-12 所示。

表 6-12　随机选择机制下各个项目的收入流动性

项目名称	(1) 真实情况下的收入流动性	(2) 随机选择机制下的收入流动性（重复 500 次）	(3) 随机选择机制下的收入流动性（重复 1000 次）	(4) 撇脂效应的程度
职业培训	1.30	1.3470	1.3431	0.1673***
职业介绍	0.26	0.1077	0.1100	
小额担保贷款	3.80	8.3189	8.3335	−0.0521**
社会保险补贴	0.37	0.3227	0.3185	−0.5473***
公益性岗位	0.18	0.2284	0.2309	−0.2709***

注：***、**、* 分别表示在 1%、5%、10%的水平上显著。

重复 1000 次的随机选择过程可以视为一种敏感性测试。结果显示，无论是重复 500 次还是重复 1000 次，随机选择机制下各个项目的收入流动性的变化都是稳健的。以重复 500 次的结果为例，与真实情况相比，随机选择机制下小额担保贷款项目和公益性岗位项目的收入流动性都有显著的提升。其中，随机选择机制下小额担保贷款项目的收入流动性的提升高达 118.92%，这表明，假如小额担保贷款项目的实施过程中不存在撇脂效应，政策执行者随机选择个体加入到该项目中，而不是刻意选择参与项目前本身收入水平较高的个体，则小额担保贷款项目对收入流动性的贡献会更显著。另外，与真实情况相比，随机选择机制下公益性岗位项目的收入流动性的提升也达到26.89%。

相反地，与真实情况相比，随机选择机制下职业介绍项目和社会保险补贴项目的收入流动性都有显著的降低。其中，随机选择机制下职业介绍项目的收入流动性降低了58.58%；社会保险补贴项目的收入流动性降低了12.78%。虽然对于职业介绍项目而言，收入流动性的降低是不可忽视的，但是考虑到职业介绍项目本身不存在显著的撇脂效应(李锐等，2018)，职业介绍项目仅仅为项目参与者提供更多获得新就业机会的渠道，对于积极就业项目资金的使用微乎其微，所以可以认为，积极就业政策执行者筛选职业介绍项目实际参与者的过程中不存在显著的撇脂效应。并且，职业介绍项目本身对于收入流动性的影响是所有项目中最小的，因此，与真实情况相比，随机选择机制下该项目的收入流动性的降低就微不足道了。

(二)收入不平等

将随机选择过程重复1000次，计算随机选择机制下各个项目的收入不平等指标，并对经多次随机选择过程得到的收入不平等指标求平均值，得到随机选择机制下各个项目的收入不平等指标基尼系数，具体如表6-13所示。表6-13第(4)~(5)列报告了在随机选择机制下，各项目参与者在参加项目前、参加项目后的收入不平等情况。

相比于项目实施前，随机选择机制下的总体不平等程度在项目实施后增加了9.63%，该增加幅度小于真实情况下的增加幅度。与真实情况相比，随机选择机制下收入不平等程度的增幅减小了20.15%[(12.06%-9.63%)/12.06%]。该结果表明，积极就业政策实施过程中存在的撇脂效应会加剧总体不平等的程度，而更公平的随机选择机制在一定程度上可以缓解这一总体不平等的程度。

相比于项目实施前，随机选择机制下各项目内部的收入不平等程度在项目实施后有所降低，职业培训项目降低了8.95%，职业介绍项目降低了79%，小额担保贷款项目降低了18.6%，社会保险补贴降低了20.73%，公益性岗位降低了39.01%。除了职业培训项目，其他项目的降幅均大于真实情况下的降幅。导致随机选择机制下项目内部收入不平等程度降低的原因可能有两方面：一方面，各个项目的参与者在参加项目前的收入存在明显的分层情况，而随机选择机制缓解了这一分层情况，这导致单个项目内部的收入不平程度增加；另一方面，各项目均具有缓解内部参与者之间收入不平等的功能，而与真实情况相比，随机选择机制下内部参与者在参加项目前的收入不平等程度增加了，各项目对其内部参与者之间的收入不平等的缓解作用也加强了。

表 6-13　随机选择机制下各个项目的收入不平等

项目名称	真实情况下			随机选择机制下		
	项目实施前	项目实施后	变化率	项目实施前	项目实施后	变化率
	(1)	(2)	(3)	(4)	(5)	(6)
总体项目	0.6968	0.7808	12.06%	0.7032	0.7709	9.63%
职业培训	0.3809	0.3475	-8.77%	0.3575	0.3255	-8.95%
职业介绍	0.3028	0.2685	-11.33%	0.7032	0.1477	-79.00%
小额担保贷款	0.5274	0.4889	-7.30%	0.5796	0.4718	-18.60%
社会保险补贴	0.2360	0.2118	-10.25%	0.2518	0.1996	-20.73%
公益性岗位	0.3235	0.2041	-36.91%	0.3238	0.1975	-39.01%

二、项目最佳选择机制

撇脂效应的存在是由于地方政府在选择参与者时缺乏对项目效果的考虑。在此，本章设计一种新的分配机制（项目效果最优选择机制）将项目效果作为选择条件，重新考虑每个个体是参加当前分配到的项目，还是参加控制组项目（职业介绍项目）。本章的这种反事实设计旨在提升积极就业项目对于参与者的处理效应。具体而言，对于原本参与职业培训项目的个体，对比个体参加职业介绍项目后的收入与参加其他四类项目后的收入，如果前者小于后者，就根据项目效果最优选择机制将该个体分配进其他四个项目中处理效应最高的项目；但如果前者大于后者，就仍将其分配到原本的职业介绍项目中。对于原本参与职业培训项目、小额担保贷款项目、社会保险补贴项目和公益性岗位项目的个体，项目效果最优选择机制的设计思路是比较他们参加这些项目后的收入与参加职业培训项目后的收入，若前者大于后者，就让其留在原来的项目中；若前者小于后者，就重新将其分配到职业介绍项目中。

效果最优选择过程具体分为四个步骤。第一步，使用 MTE 方法估计出每个个体在参加当前项目和参加控制组项目后的收入。第二步，比较个体参加当前项目和控制组项目的项目效果，让其参加项目效果更好的项目。个体参加项目前的收入是确定的，所以参加某个项目后的收入越高，就说明这个项目给个体带来的效果也就越大。如果个体 i 参加当前项目后的收入大于或等于参加控制组项目后的收入，则该个体应参加当前项目；否则，应参加控制组项目。第三步，对个体参加项目后的收入进行调整。① 对于不同个体，其参加项目后的收入有四种情况：①处理组中的个体，经效果最优选择后依然在处理组，其收入为真实情况下参加项目后的收入；②处理组中的个体，经效果最优选择后参加控制组，其收入为使用式(4-11)预测出的收入 e^{Y_0}；③控制组中的个体，经效果最优选择后依然在控制组，其收入为真实情况下参加项目后的收入；④控制组中的个体，经效果最优选择后参加处理组项目，其收入为使用式(4-10)预测出的收入 e^{Y_1}。第四步，在上述三个步骤的基础上，计算每个项目在项目效果最优选择下的收入流动性及收入不平等指标。

(一)参加项目后收入对数变化

基于项目效果最优选择机制，比较了个体参与项目后收入对数的分布密度变化情况，具体如图 6-5 所示。图 6-5(a)绘制了真实情况下个体参加项目后的收入对数分布密度与项目效果最优选择机制下的收入对数分布密度，图 6-5(b)进一步绘制了项目效果最优选择机制下与真实情况下收入对数分布密度之间的差。结果显示，收入对数在 10. 4 到 13. 4 的区间上时，项目效果最优选择机制下的收入对数分布密度大于真实情况下的收入对数分布密度；而收入对数在 8. 4 到 8. 9 的

---

① 个体参加项目前的收入不受项目分配的影响，故使用在调查中个体汇报的参加项目前收入。

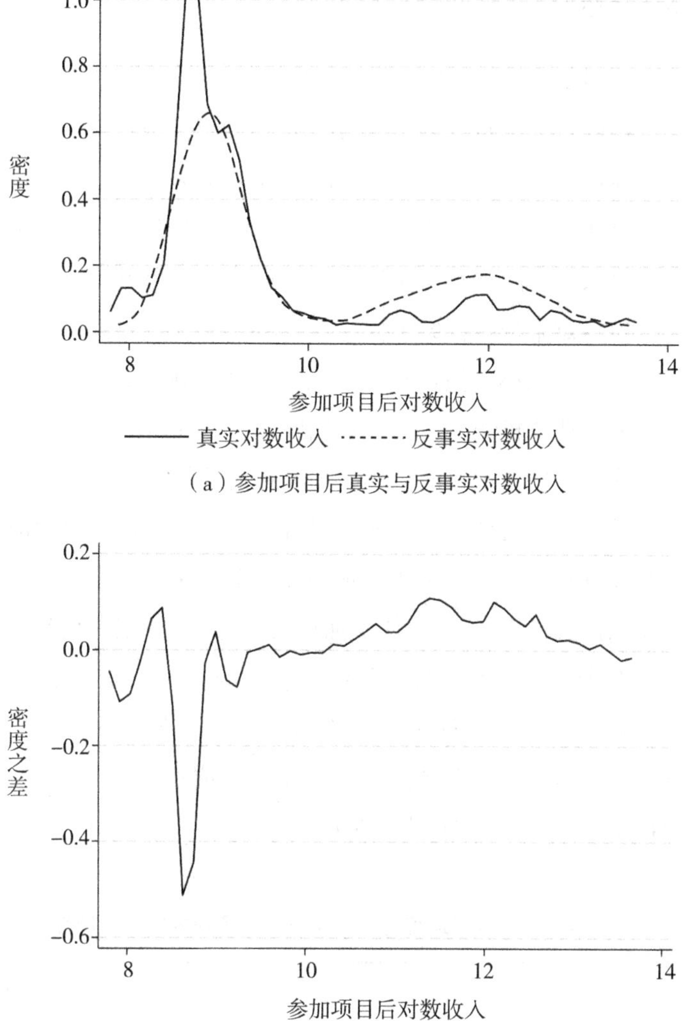

（a）参加项目后真实与反事实对数收入

（b）密度之差

图 6-5　反事实设计下参加项目后对数收入变化图

区间上时，真实情况下的收入对数分布密度大于项目效果最优选择机制下的收入对数分布密度。简而言之，在较低收入对数水平时真实情况下的收入对数分布密度大于最优选择机制下的收入对数分布密度，在较高收入对数水平时则小于最优选择机制下的收入对数分布密度。说明在项目效果最优选择机制下，个体的收入水平能够因为参加项目而有更大幅度的提升。

（二）收入流动性

我们在表 6-14 中汇总了项目效果最优选择机制下收入流动性的变化。结果表明，除了小额担保贷款项目的收入流动性显著提升了 72.37%，其他积极就业项目的收入流动性都降低了。造成该结果的原因可能包括两方面。首先是分配机制的设计，在项目效果最优选择机制下，原先参加职业介绍项目的个体要么继续留在原项目中，要么被分配到小额担保贷款项目中，因为小额担保贷款项目相较其他项目而言，项目效果最好，即个体参加该项目后收入的提升幅度最大。并且相较其他项目而言，参加小额担保贷款项目的个体参加项目前的收入水平更高。而在即项目效果最优选择机制下，原本参加职业介绍项目的个体被分配到小额担保贷款项目中，导致参加该项目的个体参加项目前的收入水平被拉低，最终导致小额担保贷款项目的收入流动性出现显著提升。其次是本章使用的流动率计算方式，所使用的计算方式只包含了个体参加项目前处于 Q1 层并且参加项目后处于 Q4 层的收入流动情况，没有包括个体参加项目前处于 Q1 层并且参加项目后处于 Q2 或 Q3 层，以及个体参加项目前处于 Q2 层并且参加项目后处于 Q3 或 Q4 层的收入流动情况，但是这些其实都是收入流动的体现。在项目效果最优选择机制下，除了小额担保贷款项目中有部分参与者在参加项目前处于 Q1 层并且在参加项目后处于 Q4 层，其他项目中均无此情况。

表 6-14　项目效果最优选择机制下各个项目的收入流动性

项目名称	(1) 真实情况下的 收入流动性	(2) 项目效果最优选择 机制下的收入流动性	(3) 撇脂效应 的程度
职业培训	1. 30	0	0. 1673***
职业介绍	0. 26	0	—
小额担保贷款	3. 80	6. 55	−0. 0521**
社会保险补贴	0. 37	0	−0. 5473***
公益性岗位	0. 18	0	−0. 2709***

(三)收入不平等

在项目效果最优选择机制下个体参加各个项目后的收入不平等及其变化率情况如表 6-15 所示。项目效果最优选择机制下的总体不平等在个体参加项目后增加了 2.1%，该增加幅度小于真实情况下的增加幅度，项目效果最优选择机制下的不平等增幅比真实情况下的不平等增幅减少了 82%[(12.06%-2.10%)/12.06%]。该结果表明，如果使用项目效果最优选择机制，可在一定程度上缓解积极就业政策造成的总体不平等。

相比于个体参加项目前，项目效果最优选择机制下各个项目内部的收入不平等在个体参加项目后出现不同程度的降低：职业培训项目，降低了 3.81%；职业介绍项目，降低了 66.73%；小额担保贷款项目，降低了 35.26%；社会保险补贴项目，降低了 11.77%；公益性岗位项目，降低了 5.41%。除了职业培训项目和公益性岗位项目之外，其他项目的下降幅度均大于在真实情况下的降幅。

表 6-15　项目效果最优选择机制下个体参加各个项目后的收入不平等

项目名称	真实情况下的基尼系数			项目效果最优选择机制下的基尼系数		
	(1)	(2)	(3)	(4)	(5)	(6)
	参加项目前	参加项目后	变化率	参加项目前	参加项目后	变化率
总体项目	0.6968	0.7808	12.06%	0.7049	0.7197	2.10%
职业培训	0.3809	0.3475	-8.77%	0.3856	0.3709	-3.81%
职业介绍	0.3028	0.2685	-11.33%	0.3061	0.1018	-66.73%
小额担保贷款	0.5274	0.4889	-7.30%	0.6703	0.4340	-35.26%
社会保险补贴	0.2360	0.2118	-10.25%	0.2341	0.2066	-11.77%
公益性岗位	0.3235	0.2041	-36.91%	0.2431	0.2300	-5.41%

总的来说，与真实情况下相比，项目效果最佳选择机制下参与者的收入不平等情况具有三个相同特征和三个不同方面。三个相同特征包括：一是总体样本的基尼系数远大于单个项目样本的基尼系数，各个项目的样本之间收入不平等程度较大；二是相对于参加项目前的收入不平等，单个项目的样本在参加项目后收入

不平降低了，而总体样本在参加项目后的收入不平等却增加了；三是相对于参加项目之前各个项目的样本之间收入不平等程度，参加项目后各个项目的样本之间收入不平等程度更大。三个不同方面包括：首先，在参加项目后，总体样本的收入不平等更小；其次，相对于总体样本在参加项目之前的收入不平等，总体样本在参加项目后的收入不平等的增加幅度更小；最后，相对于各个项目的样本在参加项目之前的收入不平等，各个项目的样本在参加项目后收入不平等的减小程度存在差异。

第四节　本章小结

本章使用2008年世界银行关于中国积极就业政策的调查数据，探究积极就项目实施过程中的撇脂效应及其对收入流动性的影响，结合流动性分析不同项目对收入不平等的改善情况，并尝试对参与者的选择过程进行调整，以期达到提高收入、促进收入流动性和缓解收入不平等的目标。本章的主要结论如下：

第一，不同的积极就业项目在实施过程中存在不同程度的撇脂效应。职业培训项目的实施过程中存在正向撇脂效应，抑制了收入流动性；小额担保贷款项目的实施过程中存在较弱的撇脂效应；社会保险补贴和公益性岗位项目的实施过程中均存在负向撇脂效应并促进了收入流动性。第二，各项目的参与者在参加项目前的收入存在严重分层现象。在小额担保贷款项目中，8%的参与者在参加项目前的收入处于底层25%，80%的项目参与者在参加项目前的收入处于顶层25%。其他四个项目的参与者中，20%～40%的人在参加项目前的收入处于底层25%（公益性岗位项目的这一比例最高，为40%）；5%～20%的人在参加项目前的收入处于顶层25%（社会保险补贴项目的这一比例最低，为5%）。第三，不同项目的收入流动性和收入不平等情况差异较大。收入流动性最大的是小额担保贷款项目，其次是职业培训项目，其他项目的收入流动性均较小。相对于个体参加项目前的收入不平等，参加项目后，项目内部的收入不平等程度降低了，但是总体收入不平等程度增加了。第四，通过设计两种分配机制可以发现，随机选择机制下职业培训、小额担保贷款和公益性岗位项目的收入流动性增加了，项目内部的收入不平等有所缓解；项目效果选择机制对收入流动性的影响不大，其缓解了项目内部的收入不平等及从整体上提高了平均收入水平。

因此，本章得到的结论是，在不改变现有积极就业项目的情况下，以缓解撇脂效应为目的，在项目参与者的分配上进行相应的改变，可以大大增加收入流动性和降低项目内部的不平等程度，这表明进一步努力使参加项目前收入水平较低的人群进入收入提升较高的积极就业项目是有价值的。

第七章　积极就业政策对就业信心的影响研究

本章构建了就业信心经济结构模型，为避免“选择性偏误”，基于因子结构下的选择方程与回归方程的扰动项之间是否服从二变量联合正态分布(BIVN)假设，构建了两种评估模型，使用2008年世界银行关于我国积极就业项目的调查数据以及2014—2015年追踪调查数据进行了实证研究，探究了以下问题：哪些因素影响了失业者的就业信心？积极就业政策对失业者就业信心的影响机制是什么？积极就业政策中哪些项目有效提高了失业者的就业信心，哪些项目还需要完善？

第一节　积极就业政策对就业信心影响的研究设计

一、数据来源与变量选择

本章运用了宏观数据与微观数据，宏观数据来自2008年各省(市)统计年鉴，微观数据来自2008年世界银行关于中国积极就业项目的调查数据和2014—2015年追踪调查数据。本章采用多阶段分层抽样及系统抽样方法。第一阶段，按照地理行政区划将我国划分为东部、中部和西部三大经济区域，在这三大区域中抽取9个省(自治区)；第二阶段从每个省中按经济发展水平各抽取3个城市，共27个城市；第三阶段从每个城市随机抽取样本共7800个。本章主要分析最具代表性的职业培训项目和小额担保贷款项目，在剔除缺失值和异常点后，最终得到1606个职业培训项目样本、1136个小额担保贷款项目样本和1197个两项目皆未参与的样本。

宏观经济环境中登记失业率、GDP 增长额、地方政府可支配就业支出资金增长额会影响获得一份高收入的对应概率及未来预期收入；另外依据人力资本投资理论与小额担保贷款理论及相关研究（Heckman 等，2018；Xie 等，2012；Pitt 和 Khandker，1998；McKernan，2002；Islam 等，2016），性别、受教育水平、工作经验、健康状况、政治身份、家庭特征等会影响就业能力 θ 和未来预期收入。本书选取的自变量 X 有：个人特征变量包括民族（汉族=1）、性别（男性=1）、户籍（城镇=1）、受教育水平、工作经验、健康状况、政治身份（共产党员=1）、工作单位所在地、家庭规模、有收入人数（有收入=1）；宏观经济变量包括失业率、GDP 增长额、地方政府可支配就业支出资金增长额。

二、描述性统计分析

从表 7-1 描述性统计结果来看，职业培训项目组的未来就业信心最强，职业培训项目组中对未来就业信心感觉较好和非常自信的人数占比为 62%，小额担保贷款项目组中对未来就业信心感觉较好和非常自信的人数占比为 55%；将职业介绍项目组作为对照组，发现其未来就业信心最弱，对未来就业信心感觉较缺乏和一般的人数占比为 59%，其中未来就业信心较缺乏的人数占 35%。就微观数据反映的个人特征而言，职业培训项目组较职业介绍项目组工作经验少、城镇户籍人口占比更低、家庭规模较大；小额担保贷款项目组较职业介绍组男性占比较少，但健康状况较佳、工作经验更丰富。从宏观经济环境方面来看，职业培训项目的参与者大多来自 GDP 增长较快、就业支出增长高、失业率较低的地区，相反，小额担保贷款项目的参与者主要来自 GDP 增长较慢、就业支出增长较低而失业率较高的地区。

基于以上结果，本章初步推测职业培训项目比小额担保贷款项目、职业介绍项目对失业者就业信心的提高效果更好，职业培训项目增强了参与者的劳动技能，提高了就业成功概率，有助于失业者生活水平的长期改善，这种支持方式比政府提供资金来源、工作岗位更能有效提高失业者就业信心。以上可观测变量的明显差异还从侧面反映了宏观经济环境对项目效果存在较大影响：职业培训项目组成员的个人特征条件并不比小额担保贷款项目、职业介绍项目组优越，但由于来自 GDP 增长较快、就业支出增长高、失业率较低的地区，其就业成功概率更高、收入更可观，因而未来就业信心最强。

表 7-1　变量的描述性统计

变量	均值		
	职业培训项目组	小额担保贷款项目组	职业介绍项目组
受教育水平	3.89(0.76)	4.00(0.79)	3.90(0.80)
健康状况	4.03(0.91)	4.12(0.88)	3.95(0.92)
工作经验	17.45(9.86)	21.56(7.90)	19.71(10.02)
有收入人数	0.60(0.49)	0.55(0.50)	0.59(0.49)
家庭规模	3.5(1.00)	3.33(0.913)	3.39(1.00)
GDP 增长额	126.13(283.57)	92.52(285.23)	155.16(219.47)
地方政府可支配就业支出资金增长额	6039.22(6063.10)	5727.11(5434.52)	5784.57(5438.20)
失业率	3.82(0.42)	3.90(0.41)	3.88(0.42)

变量	类型	频率		
		职业培训项目组	小额担保贷款项目组	职业介绍项目组
民族	非汉族	0.05	0.04	0.04
	汉族	0.95	0.96	0.96
性别	女性	0.39	0.53	0.34
	男性	0.61	0.47	0.66
户籍类型	农村	0.21	0.04	0.08
	城市	0.79	0.96	0.92
政治身份	非共产党员	0.90	0.83	0.90
	共产党员	0.10	0.17	0.10
工作单位所在地	村镇	0.06	0.04	0.04
	县城	0.94	0.96	0.96
未来就业信心	非常缺乏	0.03	0.08	0.18
	较缺乏	0.12	0.21	0.35
	一般	0.23	0.16	0.24
	较好	0.36	0.24	0.19
	非常自信	0.26	0.31	0.03
观测数		1606	1136	1197

注：括号内为标准差，数据根据通胀情况进行了调整。

另外，参加项目的人群并非完全是随机决定的，影响项目参与选择的因素也可能同时影响项目效果，以结果为导向的绩效考核方式也会导致政府为追求政绩而选择预期效果更好的群体参与。因此本书运用 treatoprobit 模型（模型一）和 treatoprobitsim 模型（模型二）进行了政策项目参与选择的过程分析，然后在评估项目效果之前，先测算 U_i 和 V_i 的相关系数 ρ，判断是否存在选择性偏误（$\rho = 0$）。

三、模型设定

（一）就业信心经济结构模型的构建

目前尚未有被普遍认可的信心经济结构模型及评估方法，根据心理学与社会学领域对信心机理与影响因素的相关研究（Pirinsky，2013；陈晶等，2010；Konstantinou 等，2011；李永友，2012；Bloom 等，2013），本章将就业信心的影响因素分为三类：已知的可观测变量 X，包括个体特征（如年龄、性别、家庭收入等）和宏观经济环境（如失业率、GDP 增长额）；已知的不可观测变量 θ，如认知能力、性格特征、自我效能等；未知的不可观测变量 v（扰动项）。其中 θ 与 v 还可被归纳至已知的可观测变量 X 以外的部分 U。

设定失业者 i 的就业信心 C_i^* 经济结构模型为：

$$C_i^* = C_i^*(X_i, \theta_i, v_i) \tag{7-1}$$

为了便于分析，将式(7-1)表达为由可观测变量 X、不可观测变量 θ 及扰动项 v 组成的线性相关形式：

$$C_i^* = \alpha X_i + \lambda_C \theta_i + v_i \tag{7-2}$$

$$U_i = \lambda_C \theta_i + v_i \tag{7-3}$$

其中 α 和 λ_C 分别为 X_i 和 θ_i 对 C_i^* 的影响系数。

假设失业者 i 根据预期收益最大化原则来选择积极就业项目，个体 i 的潜在收益 S_i^* 表达为：

$$S_i^* = \eta Z_i - V_i \tag{7-4}$$

若 $S_i^* > 0$，则 $S_i = 1$；否则 $S_i = 0$。

当潜在收益 S_i^* 大于0时，其实际观察值 S_i 为1，即参与项目；否则其观察值为0，不参与项目。Z_i 为可观测的影响因素（Z_i 可能包含部分 X_i），η 为 Z_i 对潜在收益 S_i^* 的影响系数，V_i 包括失业者 i 在进行选择时的随机扰动项和不可观测因素。

于是，式(7-2) 可改写为：

$$C_i^* = \alpha X_i + \gamma S_i + \lambda_C \theta_i + v_i \tag{7-5}$$

其中 C_i^* 为潜在就业信心，它是一个潜变量。当 C_i^* 大于某个阈值范围时可被观察，并且 C_i^* 越大，其观察值 C_i 也越大。具体而言，从调查数据中获得的 C_i 表现为有序的离散变量，如果 C_i 存在 J 种等级，则 C_i、C_i^* 与 C_i^* 的阈值 $\mu_j(j=1, 2, \cdots, J)$ 的关系表现为：

$$C_i = \begin{cases} 1 & \text{如果} -\infty < \alpha X_i + \gamma S_i + \lambda_C \theta_i + v_i \leqslant \mu_1 \\ 2 & \text{如果} \mu_1 < \alpha X_i + \gamma S_i + \lambda_C \theta_i + v_i \leqslant \mu_2 \\ \cdots\cdots & \\ J-1 & \text{如果} \mu_{J-1} < \alpha X_i + \gamma S_i + \lambda_C \theta_i + v_i \leqslant \mu_J \\ J & \text{如果} \mu_J < \alpha X_i + \gamma S_i + \lambda_C \theta_i + v_i \leqslant \infty \end{cases} \tag{7-6}$$

应注意到，在回归估计时，若使用OLS，那么 α、λ_C 和 γ 基于一种假定，即失业者是否参与积极就业项目是随机决定的，并且 α、λ_C 和 γ 对所有人都是相同的。为了检验该假定，需要估计 U_i 和 V_i 的相关系数 ρ：当 $\rho \neq 0$ 时，U_i 和 V_i 相关，说明根据式(7-5)，是否参与项目 S_i 具有内生性，换言之，影响项目参与选择的因素也影响了项目效果，失业者是否参与项目并不是完全随机决定的，这种情况下的估计会出现选择性偏误，α、λ_C 和 γ 存在异质性，则该假定不成立，说明不能使用OLS估计；而当 $\rho=0$ 时，则不具有内生性，该假定成立，可使用OLS估计。为判断 ρ 是否为0且避免可能发生的选择性偏误，本章借鉴Heckman(2005)、Gregory(2015) 的方法，构建因子结构模型，当 $\rho \neq 0$ 时，运用处理效应模型进行评估，即依据 U_i 和 V_i 是否服从二变量联合正态分布假设，运用两种处理效应评估方法进行评估。

(二) 因子结构模型

失业者就业信心为离散变量，测算 U_i 和 V_i 的相关系数 ρ 和评估积极就业政策对失业者就业信心的影响效果(MTE)需要得到 U_i 与 V_i 的各自分布及联合分布，考虑到未知且不可观测变量 θ_i 可能会对项目参与选择 S_i 与项目效果 C_i^* 均产生影响，本章现定义 U_i 和 V_i 的因子结构表达式为：

$$U_i = \lambda_C\theta_i + \upsilon_i \qquad V_i = \lambda_S\theta_i + \varepsilon_i \tag{7-7}$$

其中 θ_i 分别与 υ_i、ε_i 独立，υ_i 与 ε_i 之间相互独立且均服从均值为零的正态分布。

当 $\rho \neq 0$ 时，为避免“选择性偏误”带来的内生性估计问题，本章运用基于因子结构 U_i 和 V_i 服从二变量联合正态分布假设的估计模型 treatoprobit(模型一)，以及服从 logistic 分布假设基础上的估计模型 treatoprobitism(模型二)。具体介绍如下：

若 U_i 和 V_i 不满足二变量联合正态分布假设，服从 logistic 分布、gamma 分布、lognormal 分布、uniform 分布、chi2 分布时，令 δ 为 treatoprobitsim 模型(模型二)中两种机制(参与、不参与项目产生的不同结果)之间内生性转换的虚拟变量，则模型二中处理效果的估计为：

1. 边际处理效应 *MTE*

$$\begin{aligned}MTE_{ik} = \frac{1}{M}\sum_{m=1}^{M} & [\phi\{\mu_k - (\alpha X_i + \delta + \lambda_C\theta_{im})\} - \phi\{\mu_{k-1} - (\alpha X_i + \delta + \lambda_C\theta_{im})\}] \\ & - [\phi\{\mu_k - (\alpha X_i + \lambda_C\theta_{im})\} - \phi\{\mu_{k-1} - (\alpha X_i + \lambda_C\theta_{im})\}]\end{aligned} \tag{7-8}$$

2. 平均处理效应 *ATE*

平均处理效应 *ATE* 是边际处理效应 *MTE* 的平均数。

$$\begin{aligned}ATE_k = \frac{1}{N}\frac{1}{M}\sum_{i=1}^{N}\sum_{m=1}^{M} & [\phi\{\mu_k - (\alpha X_i + \delta + \lambda_C\theta_{im})\} - \phi\{\mu_{k-1} - (\alpha X_i + \delta + \lambda_C\theta_{im})\}] \\ & - [\phi\{\mu_k - (\alpha X_i + \lambda_C\theta_{im})\} - \phi\{\mu_{k-1} - (\alpha X_i + \lambda_C\theta_{im})\}]\end{aligned} \tag{7-9}$$

3. 处理组的平均处理效应 *ATT*

$$\begin{aligned}ATT_k = & \frac{1}{N}\frac{1}{M}\sum_{i=1}^{N}\frac{1}{E\{\phi(Z_i\eta)\}}[\sum_{m=1}^{M}\phi(Z_i\eta - \theta_{im}) \\ & \times[\phi\{\mu_j - (\alpha X_i + \delta + \lambda_C\theta_{im})\} - \phi\{\mu_{j-1} - (\alpha X_i + \delta + \lambda_C\theta_{im})\} \\ & - \phi\{\mu_j - (\alpha X_i + \lambda_C\theta_{im})\} + \phi\{\mu_{j-1} - (\alpha X_i + \lambda_C\theta_{im})\}]]\end{aligned} \tag{7-10}$$

式(7-8) ~ 式(7-10) 中 M 为模拟实验次数，$k = 1, 2, \cdots, K$，$K = J + 1$，

$\mu_0=-\infty$，$\mu_K=+\infty$，$\phi\{\cdot\}$为标准正态分布的累计函数，$\varphi(\cdot)$为标准正态分布的密度函数。同理，若U_i和V_i满足二变量联合正态分布假设时，treatoprobit模型(模型一)处理效果的估计没有模拟次数M的加权平均。

第二节　积极就业政策对就业信心影响的实证结果

一、项目选择过程分析

参加项目的个体之间存在差异，其参加项目的效果往往也存在不同；并且失业者i会根据已有的关于项目效果的部分信息，选择是否申请参与项目和申请参与哪种项目：

当cov(MTE，S) > 0时，项目参与情况属“正选择”，潜在项目效果越好的失业者，越倾向于选择申请参与项目。

当cov(MTE，S) < 0时，项目参与情况属“负选择”，潜在项目效果越好的失业者，越倾向于选择不申请参与项目。

当cov(MTE，S) = 0时，潜在项目效果与是否选择申请参与项目没有相关性。

本书运用U_i和V_i服从二变量联合正态分布假设基础上的treatoprobit估计模型(模型一)和服从logistic分布假设基础上的treatoprobitsim估计模型(模型二)刻画职业培训项目与小额担保贷款项目的选择过程，如表7-2和表7-4所示。

表7-2　项目选择过程分析

	职业培训项目		小额担保贷款项目	
概率	模型一	模型二	模型一	模型二
P11	0.0096	0.0085	0.0065	0.0094
P12	0.0210	0.0206	0.0079	0.0100
P13	0.1073	0.1086	0.0519	0.0628
P14	0.3096	0.3118	0.2227	0.2736
P15	0.1318	0.1299	0.1845	0.2344

续表

	职业培训项目		小额担保贷款项目	
概率	模型一	模型二	模型一	模型二
P01	0. 0806	0. 0040	0. 0000	0. 0086
P02	0. 0680	0. 0114	0. 0002	0. 0084
P03	0. 1471	0. 0678	0. 0034	0. 0480
P04	0. 1175	0. 2253	0. 0755	0. 1847
P05	0. 0074	0. 1119	0. 4475	0. 1601

注：表格中的概率值为均值。P11 表示 $S=1$ 且 $C=1$ 的联合概率，P12 表示 $S=1$ 且 $C=2$ 的联合概率，以此类推，可知 P13、P14、P15 的含义。P01 表示 $S=0$ 且 $C=1$ 的联合概率，P02 表示 $S=0$ 且 $C=2$ 的联合概率，以此类推，可知 P03、P04、P05 的含义。

表 7-3　是否参加项目的概率与就业信心之间的相关性检验

	职业培训项目		小额担保贷款项目	
	模型一	模型二	模型一	模型二
r	0. 509	-0. 061	-0. 457	0. 023
M^2	1691. 943***	24. 405***	1359. 802***	3. 496**

注：r 为两个有序离散变量之间的相关系数，在此将参加项目（$S=1$）看作“高水平”，不参与项目（$S=0$）看作“低水平”，r 值由表 2 中是否参与项目与就业信心之间的联合概率计算得到，表示是否参与项目的概率与就业信心之间的相关度。$M^2=(n-1)r^2$ 为 Cochran-Armitage 检验，当样本量 n 越大时，越接近自由度为 1 的卡方分布。***、**、* 分别表示在 1%、5%、10%的显著性水平上显著。

由表 7-2 结果可知，无论是职业培训项目还是小额担保贷款项目，均存在一种现象：在参加项目的失业者（$S=1$）中，毫无就业信心（$C=1$）的失业者的参加概率最小，就业信心越强的失业者的参加概率越大。但非常有就业信心的失业者（$C=5$）相对于比较有信心的失业者（$C=4$），其参加概率的增加幅度不大，在职业培训项目中甚至出现明显的减少现象。而在不参加职业培训项目或小额担保贷款项目的失业者（$S=0$）中，毫无就业信心的失业者（$C=1$）、较缺乏就业信心的失业者（$C=2$）和非常有就业信心的失业者（$C=5$）不参加的概率均很小，就业信心一般（$C=3$）和比较有信心的失业者（$C=4$）不参加的概率较大，其中比较有信心的失业者（$C=4$）不参加的概率最大。同时，失业者参加项目的概率普遍高于不参加项目的概率，尤其是对未来就业比较有信心（$C=4$）的失业者。对于职业培训项目，对未来就业比较有信心的失业者参加的概率为0.3004~0.3118，不参加的概率为0.0074~0.1119；对于小额担保贷款项目，对未来就业比较有信心的失业者参加的概率为0.2227~0.2404，不参加的概率为0.0755~0.2417。

表7-2中，从两项目之间的比较来看，职业培训项目中各类失业者参加项目与不参加项目的概率之差比小额担保贷款项目更大。如职业培训项目中P13与P03的结果显示，就业信心一般的失业者参加项目的概率比不参加项目的概率高0.0408~0.0485；而小额担保贷款项目中P13与P03的结果显示，就业信心一般的失业者参加项目的概率比不参加项目的概率高0.0148~0.027。职业培训项目中P14与P04的结果显示，比较有就业信心的失业者参加项目的概率比不参加项目的概率高0.09~0.22；而小额担保贷款项目中P14与P04的结果显示，比较有就业信心的失业者参加项目的概率比不参加项目的概率高0.05~0.15。这同时也说明，职业培训项目比小额担保贷款项目更易出现失业者就业信心越强，参加项目的可能性比不参加项目的可能性更高。

表7-4　项目选择过程影响因素分析

变量	职业培训项目组		小额担保贷款项目组	
	模型一	模型二	模型一	模型二
民族	−0.0515	−0.0948	−0.0665	−0.1099
	(0.1279)	(0.2615)	(0.1366)	(0.2703)
性别	0.1528***	0.2877***	0.5440***	1.0565***
	(0.0577)	(0.1138)	(0.0597)	(0.1162)
户籍	0.5749***	1.1530***	−0.1631	−0.3319
	(0.0896)	(0.1816)	(0.1255)	(0.2550)
受教育水平	−0.0308	−0.0637	0.1611***	0.2996***
	(0.0359)	(0.0709)	(0.0390)	(0.0785)

续表

变量	职业培训项目组		小额担保贷款项目组	
	模型一	模型二	模型一	模型二
健康状况	-0.0042 (0.0311)	-0.0051 (0.0617)	0.1195*** (0.0334)	0.2382*** (0.0673)
政治状况	0.1512** (0.0692)	0.3076** (0.1336)	0.2772*** (0.0686)	0.5621*** (0.1398)
工作单位所在地	0.1204*** (0.0385)	0.2342*** (0.0720)	-0.0744* (0.0413)	-0.1391 (0.0794)
工作经验	0.0143 (0.0108)	0.0281 (0.0213)	0.1318*** (0.0139)	0.2605*** (0.0254)
家庭负担	0.0871* (0.0549)	0.1542 (0.1081)	0.4247*** (0.0602)	0.8216*** (0.1182)
有收入人数	-0.2891*** (0.0586)	-0.5728*** (0.1168)	-0.0844* (0.0615)	-0.1758 (0.1217)
家庭规模	0.1878*** (0.0590)	0.3746*** (0.1174)	0.0269 (0.0636)	0.0682 (0.1252)
GDP 增长额	-0.0003*** (0.0001)	-0.0006*** (0.0002)	-0.0010*** (0.0001)	-0.0020*** (0.0003)
地方政府可支配就业支出资金增长额	0.0000** (0.0000)	0.0000** (0.0000)	0.0000 (0.0000)	0.0000 (0.0000)
失业率	-0.1639** (0.0763)	-0.3299** (0.1461)	-0.0780 (0.0884)	-0.1539 (0.1679)
常数项	-0.4684 (0.4643)	-0.9028 (0.9060)	-2.8257*** (0.5634)	-5.5598*** (1.0184)

注：括号内为标准差，***、**、* 分别表示在1%、5%、10%的显著性水平上显著。

表7-2的结论也能在表7-3中有所体现。如表7-3所示，职业培训项目的 M^2 值(模型一)为1691($p=0.000$)，r 为0.509，表明参加职业培训项目的概率与失

业者就业信心的程度呈显著的正相关关系，这验证了表 7-2 的结论。通过比较职业培训项目与小额担保贷款项目两种模型下结果的绝对值，也能发现职业培训项目的参加概率与失业者就业信心的相关性强于小额担保贷款项目（0. 509>0. 457，0. 061>0. 023），即表 7-2 的结论：职业培训项目比小额担保贷款项目更易出现失业者就业信心越强，参加项目的可能性比不参加项目的可能性更高。

就职业培训项目而言，微观层面变量中性别、户籍、政治状况、工作单位所在地、有收入人数、家庭人数对项目参与选择产生了显著影响。但各变量的作用方向不同：城镇户口、性别为男性、共产党员身份、工作单位所在地为城市、家庭人数较多这些因素会增加失业者参加职业培训项目的概率，而家庭中拥有固定收入的人数越多越会对失业者参加职业培训项目的概率产生负向影响。宏观层面变量中 GDP 增长额、失业率对失业者参加职业培训项目的概率存在显著的负向作用，地方政府可支配就业支出资金增长额显著不影响失业者参加职业培训项目的概率。

就小额担保贷款项目而言，微观层面变量中性别、受教育水平、健康状况、政治状况、工作经验、家庭负担对项目参与选择产生了显著影响。其中，性别为男性、受教育水平较高、健康状况较好、共产党员身份、工作经验较多、家庭负担较重会影响失业者参加小额担保贷款项目的概率。宏观层面变量中仅有 GDP 的增长额对失业者参加小额担保贷款项目的概率存在显著的负向作用，其他变量无显著影响。

以上结果可能是因为职业培训项目与小额担保贷款项目对参与者的基础要求以及产生的作用存在差异：职业培训项目属于一种人力资本投资，可对零基础的参与者进行培训，增加失业者的劳动技能、提高工作效率；而小额担保贷款项目属于创业培训与资助，失业者要想参与其中，除了需要具备一定基础的劳动技能外，还需要具有一定程度的组织管理、投资理财等知识或意识，因此小额担保贷款项目组参与者比职业培训项目组参与者更受教育水平、工作经验、家庭负担等因素的影响。另外，宏观层面变量中 GDP 的增长额对两项目的参与选择均产生明显的负影响，说明当经济形势发展较好时，失业者就业机会增加，参与该种积极就业项目的概率会降低。

二、两项目对未来就业信心的影响效果分析

由于表 7-6 中方程的极大似然比为负，说明回归方程与选择方程误差项不相关的原假设被拒绝。回归方程与选择方程误差项的相关系数(模型一表达为 ρ、模型二表达为 λ) 均在 1% 的显著性水平上显著不为 0，也说明了回归方程与选择方程误差项之间存在相关性，换言之，失业者是否参与项目并非完全随机分布，因而可以运用处理效应模型进行评估。且当 U_i 与 V_i 之间的相关系数 ρ 或 λ 大于 0 时，cov(MTE，S) > 0，项目参与属"正选择"；反之，当 U_i 与 V_i 之间的相关系数 ρ 或 λ 小于 0 时，cov(MTE，S) < 0，项目参与属"负选择"。

如表 7-5、图 7-1 和图 7-2 所示，职业培训项目与小额担保贷款项目在运作上各有特色，作用于失业者未来就业信心的效果也不尽相同。

表 7-5　正态分布假设下未来就业信心的项目影响效果分析

效果	职业培训项目组		小额担保贷款项目组	
	模型一	模型二	模型一	模型二
ATE1	0.0819	0.0586	−0.1358	−0.1156
ATE2	0.0730	0.0629	−0.0713	−0.0705
ATE3	0.1678	0.1632	−0.2005	−0.2057
ATE4	0.0275	0.0239	−0.0866	−0.0530
ATE5	−0.3502	−0.3086	0.4941	0.4448
ATT1	0.0109	0.0125	−0.8402	−0.1890
ATT2	0.0231	0.0304	−0.3634	−0.1030
ATT3	0.1088	0.1495	−0.7130	−0.2340
ATT4	0.1618	0.1965	0.6787	0.1589
ATT5	−0.3045	−0.3889	1.2379	0.3670

注：ATE 为平均处理效应；ATT 为处理组的平均处理效应。ATE1 表示 $C=1$ 时的平均处理效应，ATT1 表示 $C=1$ 时的处理组的平均处理效应，ATE2、ATE3、ATE4、ATE5、ATT2、ATT3、ATT4、ATT5 可以此类推。

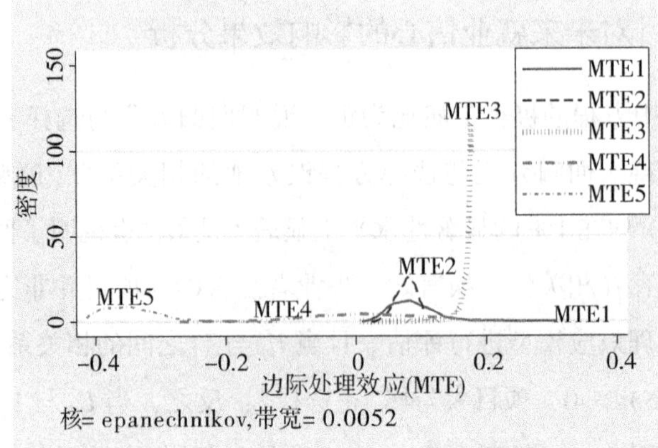

(a)带宽设置为 0.0052 的估计结果

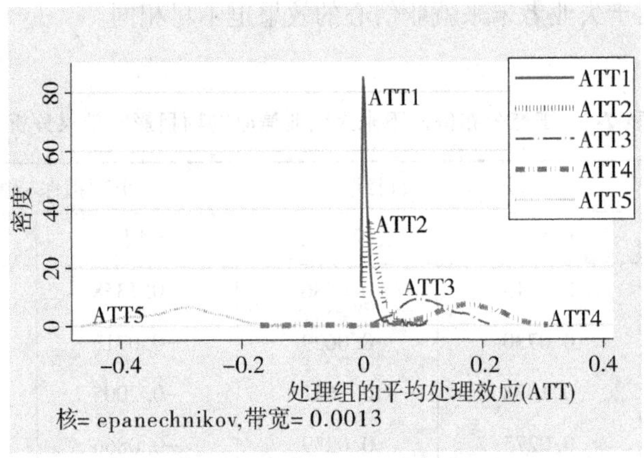

(b)带宽设置为 0.0013 的估计结果

图 7-1　职业培训项目的 MTE 与 ATT 核密度估计

表 7-5 表明，就职业培训项目而言，模型一、二中 ATE1、ATE2、ATE3、ATE4 值为正，ATE5 值为负，表明对于毫无信心、较缺乏信心、信心一般和较有信心的失业者而言，参加职业培训项目极有可能提高其就业信心；但对于非常有信心的失业者而言，参加职业培训项目会削弱其就业信心。ATT 结果与 ATE 结果类似，意味着相较于对照组项目，职业培训项目难以促进参与者的就业信心。

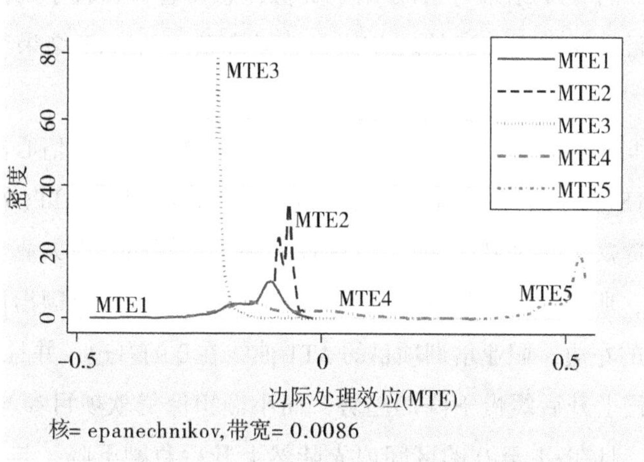

(a)带宽设置为 0.0086 的估计结果

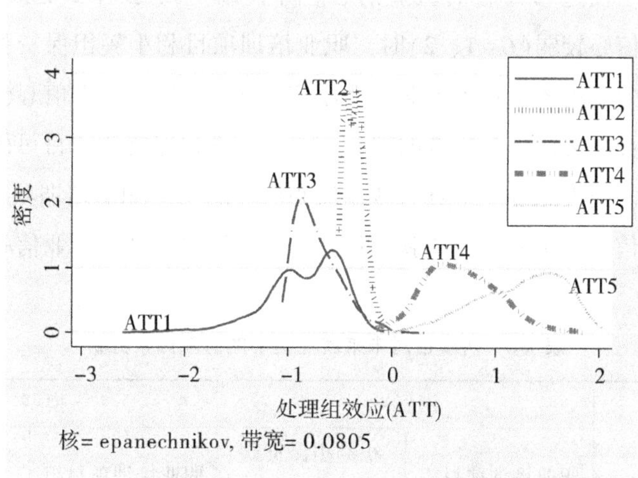

(b)带宽设置为 0.0805 的估计结果

图 7-2　小额担保贷款项目的 MTE 与 ATT 核密度估计

而小额担保贷款项目与职业培训项目结果相反，模型一、二中 ATE1、ATE2、ATE3、ATE4 值为负，ATE5 值为正，表明对于毫无信心、较缺乏信心、信心一般和较有信心的失业者而言，参加小额担保贷款项目极有可能提高其就业信心；但对于非常有信心的失业者而言，参加小额担保贷款项目会削弱就业信心。模型一、二的 ATT 结果与 ATE 结果类似，意味着，相较于对照组项目，小额担保贷款项目会促进失业者的就业信心。但模型一的 ATT 结果与模型二的结果相差较大。

由图 7-1 和图 7-2 可以看出，在失业者具有相同程度就业信心的情况，职业培训项目的 MTE(控制组和处理组样本)和职业培训项目的 ATT(处理组样本)，均与小额担保贷款项目的 MTE 和 ATT 有较大差异。例如，当失业者就业信心为一般($C=3$)时，职业培训项目的 MTE 曲线在 0 的右边，而小额担保贷款项目的 MTE 曲线在 0 的左边；职业培训项目的 ATT 曲线在 0 的右边，并且在 0 至 0.2 的区间里有先缓慢上升后缓慢下降的趋势，而小额担保贷款项目参与组的 ATT 曲线在 0 的左边，且在-1 至 0 的区间内先陡然上升后急剧下降。与表 7-5 结论一致，图 7-1、图 7-2 也说明职业培训项目难以促进参与者的就业信心，小额担保贷款项目有利于促进参与者的就业信心。并且图 7-1、图 7-2 更细致地说明了，当失业者就业信心较弱($C=1$、2)时，职业培训项目和小额担保贷款项目对提高就业信心影响力度均较小；当失业者就业信心处于一般和较有信心($C=3$、4)时，职业培训项目会显著促进参与者的就业信心，小额担保贷款项目可能会削弱参与者的就业信心。当失业者非常具有就业信心($C=5$)时，职业培训项目会显著削弱参与者的就业信心，小额担保贷款项目会显著增强参与者的就业信心。

表 7-6　两项目对未来就业信心的影响因素分析

变量名	模型一		模型二	
	职业培训项目组	小额担保贷款项目组	职业培训项目组	小额担保贷款项目组
民族	0.033 (0.1088)	-0.066 (0.137)	0.066 (0.163)	-0.11 (0.27)
性别	-0.022 (0.0497)	0.544*** (0.060)	-0.059 (0.076)	-1.06*** (0.12)
户籍	0.218*** (0.0752)	-0.163 (0.126)	0.306** (0.144)	-0.33 (0.25)

续表

变量名	模型一		模型二	
	职业培训项目组	小额担保贷款项目组	职业培训项目组	小额担保贷款项目组
受教育水平	-0. 034 (0. 0306)	0. 161*** (0. 039)	-0. 051 (0. 048)	0. 30*** (0. 079)
健康状况	0. 066*** (0. 0273)	0. 119*** (0. 033)	0. 107*** (0. 044)	0. 24*** (0. 067)
政治状况	-0. 041 (0. 0592)	0. 277*** (0. 069)	-0. 078 (0. 09)	0. 56*** (0. 14)
工作单位所在地	-0. 0006 (0. 0329)	-0. 074* (0. 041)	-0. 017 (0. 048)	-0. 14* (0. 08)
工作经验	0. 015 * (0. 0089)	0. 132*** (0. 014)	0. 022* (0. 014)	0. 26*** (0. 025)
有收入人数	-0. 224 (0. 0515)	-0. 084*** (0. 061)	-0. 331*** (0. 10)	-0. 18 (0. 12)
家庭人数	0. 054 (0. 0508)	0. 027 (0. 064)	0. 080 (0. 083)	0. 068 (0. 125)
家庭负担	0. 182*** (0. 0468)	-0. 425*** (0. 06)	0. 27*** (0. 075)	0. 821*** (0. 118)
GDP 增长额	0. 0007*** (0. 0001)	-0. 001*** (0. 0001)	0. 001*** (0. 00017)	-0. 002*** (0. 0003)
地方政府可支配就业支出资金增长额	3. 99e-06 (4. 38e-06)	3. 69e-06 (6. 03e-06)	3. 55e-06 (6. 20e-06)	6. 13e-06 (0. 00001)
失业率	0. 267*** (0. 0855)	-0. 078*** (0. 088)	0. 446*** (0. 098)	-0. 154 (0. 168)
μ_1	-0. 908** (0. 431)	-2. 408*** (0. 560)	-1. 344** (0. 628)	-3. 761*** (0. 811)
μ_2	-0. 472 (0. 452)	-2. 092*** (0. 542)	-0. 632 (0. 597)	-3. 235** (0. 772)*

续表

变量名	模型一		模型二	
	职业培训项目组	小额担保贷款项目组	职业培训项目组	小额担保贷款项目组
μ_3	0.304 (0.481)	−1.354*** (0.537)	0.604 (0.573)	−2.040** (0.698)*
μ_4	1.594*** (0.540)	−0.167 (0.502)	2.626*** (0.607)	−0.144 (0.627)
atanh ρ	0.880*** (0.205)	−0.912*** (0.157)		
ρ	0.706 (1.028)	−0.722 (0.075)		
λ			0.635*** (0.174)	−0.652*** (0.177)
Log likelihood	−4214.0397	−3712.3713	−4212.9362	−3712.9965

注：ρ 为 U_i 与 V_i 之间的相关系数，$\text{atanh}\rho=\frac{1}{2}\ln\left(\frac{1+\rho}{1-\rho}\right)$，$\lambda=\rho\sigma$（$\sigma$ 为 V_i 的标准差）。表中括号内为标准差，*** 、** 、* 分别表示在1%、5%、10%的显著性水平上显著。

综合模型一、模型二对未来就业信心进行评估，可以得出以下结果：微观、宏观变量对不同项目未来就业信心的影响方向及程度均有差异。微观个体层面上，城市户籍、健康状况较好、家庭负担较小的失业者参加职业培训项目后对未来就业的信心提升较显著；受教育水平更高、健康状况更好、工作经验更丰富、共产党员身份、性别为女性的失业者在参加小额担保贷款项目后的未来就业信心更强。

宏观层面上，地方人均GDP增长额上升1个单位可使职业培训项目组未来就业信心提升的概率增加0.07%~0.1%，但会使小额担保贷款项目组未来就业信心提升的概率下降0.1%~0.2%。失业率每上升1%，职业培训项目组未来就业信心提升的概率就增加26%~45%，而小额担保贷款项目组未来就业信心提升的概率下降7.8%~15.4%。同时，我国现处于经济转型时期，但劳动力的供给结构未能适应劳动力需求结构的变动，在人岗不匹配造成的结构性失业的经济环境下，职业培训项目可根据岗位需求对失业者进行劳动技能培训。小额担保贷款项目能为有创业意愿的失业者提供市场信息、进行相应的创业培训，但由于经济环境的影响，小额担保贷款项目的参与者的信心会有所下降，这也说明积极就业政策对就业信心的有效性需要考虑实际经济环境。

最后，应特别注意到表7-6中 U_i 与 V_i 之间的相关系数（模型一表达为 ρ、模型二表达为 λ）表明失业者项目参与选择与项目效果之间存在相关性。其中，培训项目下模型一得到的 ρ 为0.706，模型二得到的相关系数 λ 为0.635，均为正数，说明个体参与职业培训项目的概率越高，其就业信心程度就越高（$\mathrm{cov}(\mathrm{MTE}, S) > 0$），职业培训项目的参与情况属于“正选择”。小额担保贷款项目下模型一得到的相关系数 ρ 为 -0.722，模型二得到的 λ 为 -0.652，说明个体参与小额担保贷款项目的概率越高，其就业信心程度就越低（$\mathrm{cov}(\mathrm{MTE}, S) < 0$），小额担保贷款项目的参与情况属于负选择。这一结论可通过对比图7-3中职业培训项目与小额担保贷款项目的MTE曲线再次得到证实。

以上结论在一定程度上反映了政府甄选小额担保贷款项目参与者时很可能遵循的是经济效率标准，以就业率、收入等客观绩效为纲。政府主导的就业政策再分配必须弥补市场初次分配中片面倚重效率标准的不足，使得政策资源瞄准真正最需要的人群而不是收益最大的人群，关注社会公平尤其是失业者这一弱势群体的主观感受。忽视未来就业信心导向容易造成“负选择”，从而大大削弱积极就业政策本可以实现的效果。

三、稳健性分析

考虑到以上结果均以 U_i 与 V_i 服从对称性、单峰性分布（正态分布、logistic分布）为假设前提，为了得到更确切真实的分析结果，且考虑到本书研究对象未来就业信心和项目选择受个体主观价值判断（如性格等人格特征和认知、情感等心理因素）的影响，扰动项的分布可能出现偏斜，本书假设 U_i 与 V_i 服从uniform、chi2、lognormal、gamma分布，进行稳健性分析。项目效果的稳健性分析结果如表7-7所示。

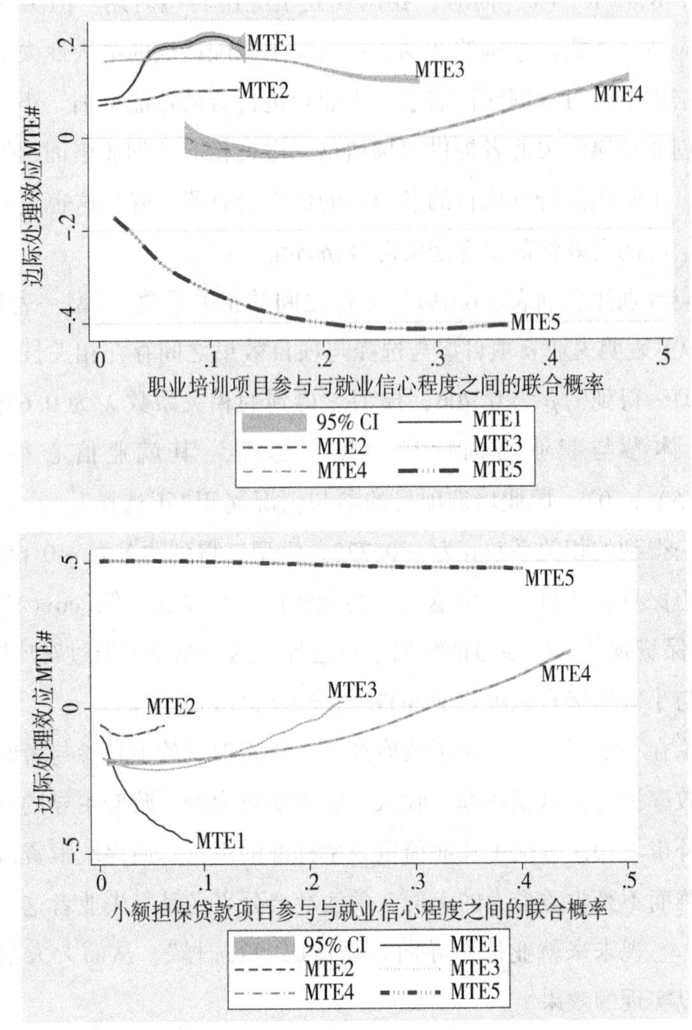

图 7-3 职业培训项目与小额担保贷款项目 MTE 曲线

由表 7-7 可知，对于毫无信心、较缺乏信心、信心一般的失业者，参加职业培训项目极有可能提高就业信心，但参加小额担保贷款项目会削弱就业信心。对于非常有信心的失业者，参加职业培训项目会削弱就业信心，相反，参加小额担保贷款项目会显著提高就业信心。

将表 7-7 与表 7-5 相比较，可再次证明以上关于项目效果结论的稳健性。

表 7-7　稳健性分析

效果	职业培训项目组				小额担保贷款项目组			
	uniform	chi2	lognormal	gamma	uniform	chi2	lognormal	gamma
ATE1	0. 0048	0. 0126	0. 0113	0. 0221	−0. 0434	−0. 0393	−0. 0213	−0. 0627
ATE2	0. 0071	0. 0251	0. 0225	0. 0429	−0. 0375	−0. 0354	−0. 0208	−0. 0487
ATE3	0. 0219	0. 0863	0. 0758	0. 1422	−0. 1385	−0. 1441	−0. 0856	−0. 1790
ATE4	−0. 0002	−0. 0010	0. 0044	0. 0017	−0. 0559	−0. 0744	−0. 0412	−0. 0815
ATE5	−0. 0336	−0. 1231	−0. 1140	−0. 2088	0. 2751	0. 2932	0. 1690	0. 3718
ATT1	0. 0041	0. 0090	0. 0076	0. 0110	−0. 0574	−0. 0543	−0. 0290	−0. 0952
ATT2	0. 0065	0. 0189	0. 0161	0. 0251	−0. 0463	−0. 0419	−0. 0247	−0. 0631
ATT3	0. 0213	0. 0732	0. 0608	0. 1103	−0. 1509	−0. 1424	−0. 0897	−0. 1830
ATT4	0. 0034	0. 0279	0. 0231	0. 0829	0. 0038	−0. 0119	−0. 0219	0. 0419
ATT5	−0. 0353	−0. 129	−0. 1077	−0. 2293	0. 2508	0. 2505	0. 1653	0. 2994

注：括号内为标准差，*** 、** 、* 分别表示在 1%、5%、10%的显著性水平上显著。

第三节　本章小结

本章构建了就业信心经济结构模型，利用2008年世界银行调查数据和2014—2015年追踪调查数据，基于选择方程与回归方程扰动项是否服从二变量联合正态分布假设，构建了两种评估方法，从失业者就业信心角度对积极就业政策的有效性进行了评估。研究发现：①职业培训项目参与选择过程属“正选择”，最倾向于参与职业培训项目的失业者能够参与其中，但受微观特征因素与宏观经济环境因素影响，培训项目对提高未来就业信心具有显著的负向影响；②小额担保贷款项目对提高未来就业信心有显著的正向影响，但由于参与选择过程中存在“负选择”，即失业者在选择时做了错误的判断，或者政府为追求绩效目标而允许预期结果最好的人群参与，所以最倾向于参与小额担保贷款项目的群体未能参与其中，也未实现本可以得到的最佳项目效果；③描述性统计结果显示，职业培训项目的参与者就业信心程度普遍高于小额担保贷款项目参与者，但根据项目边际效果的分析结果来看，职业培训项目对参与者就业信心的提高作用远不如小额担保贷款项目；在纠正“负选择”后，小额担保贷款项目对失业者就业信心的提高效果将充分发挥出来。

为实现“稳就业”，积极就业政策要提高就业率、解决当前就业问题，应重视对失业者就业信心的促进作用，激发失业者积极主动谋求就业。据此，本章提出以下几点优化建议：①政策实施应避免政策执行者为完全追求经济效益而出现“负选择”，适当关注如何恢复、调节和增强失业者就业信心，可在考核机制中引入未来就业信心、公平感、满意度评分等评估指标；②应加入相应的惩处办法，优化项目参与的筛选机制，使政策项目覆盖真正急需的群体，提高项目的实施效率与效果；③政府还应综合考虑宏观经济环境及其对失业者就业信心的促进效果，在GDP增长较慢、就业支出增长较低而失业率较高的地区可重点实施小额担保贷款项目，实现就业信心与经济发展之间的相互促进作用，以进一步增强积极就业政策的有效性。

第八章　积极就业政策扩面过程中的目标群体选择研究

——基于职业培训项目的视角

为探究在增加积极就业政策受益人群的过程中，如何最大化利用增加的积极就业政策预算资金？如何利用职业培训项目申请者的个体信息筛选扩面中的参与者？如何基于调查数据中失业者参加职业培训项目的获益信息，估计扩大职业培训的实施效果？本章利用职业培训项目实施的相关微观数据探讨了个体可观测特征和不可观测特征(如参加项目的动机)对参加职业培训项目边际效益的异质性影响，估计了参加职业培训项目对个体收入的处理效应和边际收益的影响，并预测了在扩大职业培训项目规模期间受益最大的个体类型。

第一节　扩面过程中目标群体的研究设计

一、数据来源与样本介绍

本章综合使用微观与宏观数据，微观数据来自 2008 年世界银行关于中国积极就业项目的抽样调查及 2014—2015 年追踪调查数据。抽样方法为多阶段分层抽样和系统抽样。首先按照经济发展水平和行政区划，从东、中、西部三大经济区域各选取 3 个省份(自治区)，其次从抽取的 9 个省份(自治区)中再按照经济发展水平各抽取 3 个城市，最后从 27 个城市共抽取 7800 个有效样本。2014—2015 年的追踪调查主要是对湖北等省份已被抽取的个体(共计 357 人)、政府部门和积极就业政策服务机构进行调研，对 2008 年数据中存在的问题进行深入的追踪调查。由于个体大致在 2003—2006 年接受就业项目扶持，因此为补充需要控制的宏观经济指标，所选数据来自所抽取的 27 个城市 2003—2006 年的统计年鉴。本章分析最具代表性的职业培训项目，经过数据清洗后，最终得到 1606 个参加职业培训项目的样本，1197 个未参加职业培训项目的样本。

二、模型设定与变量选取

（一）传统边际政策相关处理效应的概述

为了预测项目扩展的政策影响，Heckman 和 Vytlacil（2005）提出政策相关处理效应（Policy Relevant Treatment Effect，PRTE）概念，定义为从基线政策（Baseline Policy）转变为替代政策（Alternative Policy）的平均处理效应：

$$\text{PRTE} \triangleq \frac{E(Y\,|\,\text{替代政策}) - E(Y\,|\,\text{基线政策})}{E(D\,|\,\text{替代政策}) - E(D\,|\,\text{基线政策})} \tag{8-1}$$

其中，D 是政策改变后个体对项目的选择。Heckman 和 Vytlacil（2005）提出，在 $X_i = x$ 的条件下，PRTE 是 MTE$(x,\ u)$ 的加权平均值。鉴于政策的边际变化对经济利益结果产生重要影响，Carneiro 等（2010）提出边际政策相关处理效应（Marginal Policy Relevant Treatment Effect，MPRTE）的概念，将其定义为 PRTE 的一种特殊情况，即替代政策无限接近基线政策时的 PRTE：

$$\text{MPRTE} = \lim_{\alpha \to 0} \text{PRTE}(F_\alpha) \tag{8-2}$$

其中，α 为政策的参数，F_0 代表基线政策，F_α 代表替代政策（$\alpha \neq 0$）。

（二）重新定义的边际政策相关处理效应

根据 Carneiro 等（2010）的论点，Zhou 和 Xie（2019a，2019b）提出了一种估计政策变化带来的影响的方法，该方法直接改变倾向得分 $P(Z)$ 的条件分布而不以 X_i 为条件，通过将 $P(Z)$ 的值与异质性的个体处理效应相结合捕捉到政策变化带来的影响。给定 $P(Z) = p$，将 MPRTE 定义为当 α 无限接近 0 时 PRTE$(p,\ \alpha\lambda(p))$ 的极限：

$$\begin{aligned}\widetilde{\text{MPRTE}} &= \lim_{\alpha \to 0} \text{PRTE}(p,\ \alpha\lambda(p)) \\ &= [Y_{1i} - Y_{0i}\,|\,P(Z) = p,\ U_D = u] \\ &= \widetilde{\text{MTE}}(p,\ p)\end{aligned} \tag{8-3}$$

其中，$\lambda(\cdot)$ 是实值函数。式（8-3）表明，在每个倾向得分水平上，$\widetilde{\text{MPRTE}}(p)$ 在 $p = u$ 处等于$\widetilde{\text{MTE}}(p, p)$ 。

（三）边际规模扩张上的处理效应异质性

为探究处于参加项目边界上的个体①的项目效果如何随着个体倾向得分的变化而变化，我们将式(8-2)进一步推导得到：

$$\widetilde{\text{MPRTE}}(p) = E[\mu_1(X_i) - \mu_0(X_i) \mid P(Z) = p] + E[\gamma_{ij} \mid U_D = p] \qquad (8\text{-}4)$$

式(8-4)右边第一个组成部分 $E[\mu_1(X_i) - \mu_0(X_i) \mid P(Z) = p]$ 反映了项目处理效应如何随倾向得分 $P(Z)$ 变化，第二个组成部分 $E[\gamma_{ij} \mid U_D = p]$ 反映了项目处理效应如何随潜在阻力 U_D 变化。在大多数关于 $\widetilde{\text{MPRTE}}(p)$ 的组成部分的文献中，关注点在第二个组成部分，研究发现 γ_i 与U_D 之间存在负相关，表明职业培训项目中存在正选择，即从职业培训项目中受益更多的个体参加职业培训的可能性也更大，他们不会因为政府基于绩效考核的压力而不被选择参加项目(Benu 等，2009；Pedro 等，2016；Caliendo 等，2017)。在这种情况下，式(8-4)的第二个组成部分将是 p 的减函数。另外，相关文献中关注式(8-4)中的第一个组成部分的比较少，主要是通过可观测特征进行预测，预测最有可能参加职业培训项目的个体是否从该项目中受益更多。已有研究发现，非传统失业者(例如存在智力或精神缺陷)比传统失业者可以从参加职业培训项目中获得更高的回报(Skedinger 和 Widerstedt，2007)。如果 $E[\gamma_{ij} \mid U_D = p]$ 的下降程度足够强，$\widetilde{\text{MPRTE}}(p)$ 就会随 p 的增加而降低。在这种情况下，我们会观察到一种负选择模式：对处于参加项目边界上的个体而言，根据可观测特征预测出参加职业培训项目的可能性，参加职业培训项目可能性较小的个体从参加该项目中获得的收益较多，即政府可能基于结果绩效(而不是效果绩效)选择项目参与者，导致最终从职业培训项目中获益最多的个体参加职业培训项目的可能性却比较小(Allcott，2015；李锐等，2018)。

---

① 处于参加项目边界上的个体：特指 $P(Z) = U_D$ 的个体，即这些人参加项目的收益和成本相等，所以他们处于是否参加项目的边界上。

最后，MTE 分析框架由结果方程和选择方程组成。在本章中，选择方程由 Probit 模型估计，而结果模型使用部分线性回归和局部二次回归估计(Robinson，1988；Fan 和 Gijbels，1996)。最后，鉴于重新定义的 $\widetilde{\text{MTE}}(p, u)$ 的估计仍需选用排除性约束条件(工具变量) M_i ，就像在传统 MTE 中进行识别一样，本章借鉴赵忠(2003)以及李锐等(2018)使用的排除性约束条件，使用家庭总收入(除去自身年收入)作为排除性约束条件。

(四)作为一个加权问题的规模扩张政策

在职业培训项目的扩张方案下，使用 $\lambda(p)$ 来表示倾向得分 p 在不同水平上个体参加职业培训项目的概率的增量。因为 $\widetilde{\text{MPRTE}}(p)$ 被定义为在 α 趋近于 0 时 PRTE$(p, \alpha\lambda(p))$ 的极限，所以 $\lambda(p)$ 的函数形式并不影响 $\widetilde{\text{MPRTE}}(p)$ 。然而，在推导总体水平的 MPRTE 时，我们需要使用 $\lambda(p)$ 作为权重，即：

$$\text{MPRTE} = C\int_0^1 \widetilde{\text{MPRTE}}(p)\,\lambda(p)\,d\,F_P(p) \tag{8-5}$$

其中，$F_P(p)$ 是倾向得分 p 的分布函数，$C = 1/\int_0^1 \lambda(p)\,d\,F_P(p)$ 是一个归一化常数(详见 Zhou 和 Xie(2019b)的推导)。由 $\widetilde{\text{MPRTE}}(p)$ 的估计方程可知，政策制定者可以通过调整 $\lambda(p)$ 的公式来提高总体水平的 MPRTE 。① 例如，如果发现参加职业培训项目的边际收益随着倾向得分 p 的增加而下降，针对 p 值相对较低的个体扩大职业培训项目实施规模(例如，经济状况调查的财政援助计划)，这将会大幅度提高平均边际收益，而不考虑个体特征的情况下进行职业培训项目扩张带来的平均边际收益可能比较小。

在实践中，对于一个给定扩张方案下的 $\lambda(p)$ ，我们可以通过样本数据直接评估式(8-5)，具体如下：

$$\text{MPRTE} \approx \frac{\sum_i \widetilde{\text{MPRTE}}(\hat{p}_i)\,\lambda(\hat{p}_i)}{\sum_i \lambda(\hat{p}_i)} \tag{8-6}$$

① 这里的讨论是为实践提供一种理论指导，因为在实践中设计具体的政策工具以估计 $\lambda(p)$ 可能是一项具有挑战性的任务。

其中 $\hat{p}_i$ 是样本中个体 i 的倾向得分估计值。当获取的样本对总体的代表性不够时，需要将抽样权重纳入计算过程以缓解样本代表性不足的问题。

(五)变量选取

本章将是否参加职业培训项目和参加项目后第一份工作的年收入对数分别作为选择方程和结果方程的因变量。其中，收入包括工资、奖金、补贴和红利，并对不同年份的收入对数进行指数化处理。参照李锐等(2018)所使用的因变量和本章的排除性约束条件，汇总本章所需的变量如表 8-1 所示。

表 8-1　变量选取与说明

<table>
<tr><th colspan="2"></th><th>变量名称</th><th>定义与说明</th></tr>
<tr><td colspan="2" rowspan="2">因变量</td><td>是否参加职业培训项目</td><td>参加项目=1；未参加项目=0</td></tr>
<tr><td>收入对数</td><td>参加项目后第一份工作的年收入对数</td></tr>
<tr><td rowspan="9">自变量</td><td rowspan="6">个体特征</td><td>年龄</td><td>接受项目调查时的年龄</td></tr>
<tr><td>性别</td><td>男性=1；女性=0</td></tr>
<tr><td>户籍</td><td>城镇户口=1；非城镇户口=0</td></tr>
<tr><td>受教育程度</td><td>反映个体所完成的最高学历：0 代表未上过学(包括识字班等非正规的教育)；6 代表小学；9 代表初中；12 代表高中、职高、技校或中专；14 代表大专；16 代表大学本科及以上</td></tr>
<tr><td>政治身份</td><td>共产党员=1，非共产党员=0</td></tr>
<tr><td>工作经验</td><td>参加工作时间(年)</td></tr>
<tr><td rowspan="2">家庭特征</td><td>家庭其他成员总收入</td><td>加总家庭其他成员年工资、奖金、补贴、红利等收入，并取对数</td></tr>
<tr><td>失业率</td><td>2006 年各城市登记失业率</td></tr>
<tr><td>宏观层面指标</td><td>就业资金增长率</td><td>2006 年地方政府可支配就业支出资金增长率</td></tr>
</table>

第二节　扩面过程中目标群体选择的实证结果

一、参加职业培训项目的决策

$\widetilde{\mathrm{MTE}}(p, u)$ 模型的第一阶段估计个体参加职业培训项目的倾向。图 8-1 显示了控制组与处理组个体之间的倾向得分分布。从图中可以看出控制组与处理组个体的倾向得分有较大范围的共同支撑集。

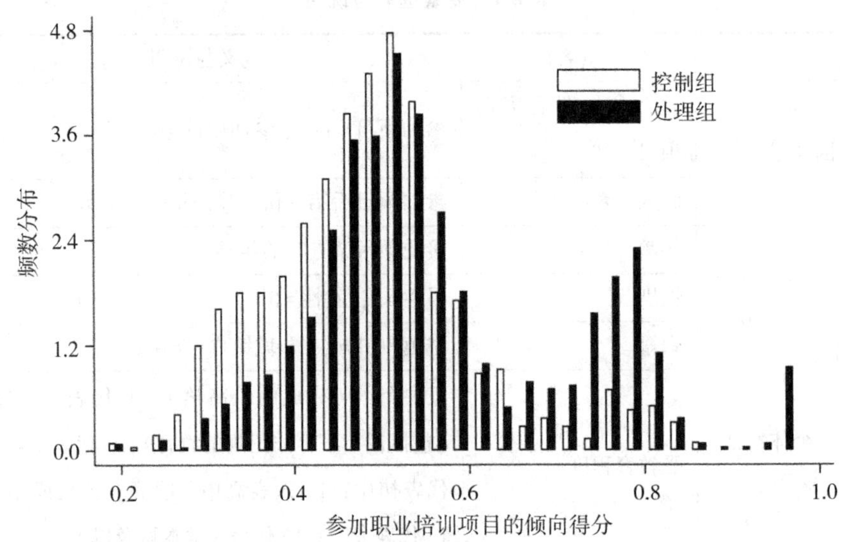

图 8-1　按参加职业培训项目与否划分的共同支撑集

表 8-2 展示了个体参加职业培训项目的平均边际效应，表内结果显示：党员身份使个体参加职业培训项目的倾向得分增加了约 7.6 个百分点，城镇户籍使个体参加职业培训项目的倾向得分降低了约 23.6 个百分点，具备更高家庭总收入(家庭总收入中不包括受访者的收入)的个体参加职业培训项目的可能性也更高。

表 8-2 参与职业培训项目的 Probit 结果(MTE(x, u)的第一阶段)

变量	平均边际效应
受教育程度	-0.008(0.006)
工作经验	0.001(0.004)
工作经验的平方/100	-0.002(0.001)
政治身份	0.076**(0.038)
户籍	-0.236***(0.036)
性别	0.030(0.024)
家庭总收入(除去自身年收入)	0.027*(0.016)
就业资金增长率	0.133***(0.021)
失业率	-0.072**(0.028)
观测值个数	1898

注：*、**、***分别表示在10%、5%、1%的水平上显著，括号内报告的是标准误。

二、项目处理效应的异质性

图 8-2 展示了基于 $\widehat{MTE}(p, u)$ 和 $\widehat{MPRTE}(p)$ 估计的处理效应结果。该结果表明不同个体参加职业培训项目的处理效应具有异质性，其中倾向得分 p 和潜在参与项目阻力 u 范围从 0.181 到 0.973，图中不同方格对应着具有不同特征(此处的特征具体指倾向得分 p 和潜在参与项目阻力 u)的个体，方格中的颜色深浅衡量了对应特征个体参加职业培训项目的处理效应大小，颜色越深表示处理效应越大。

从图 8-2(a)中可以看出，倾向得分比较大且潜在参与项目阻力较小的个体，其参加职业培训项目的处理效应最大，$\widehat{MTE}(p, u)$ 的最大值为 11.43，倾向得分比较小且潜在参与项目阻力较大的个体，其参加职业培训项目的处理效应最小，$\widehat{MTE}(p, u)$ 最小值为-5.62。与此同时，在给定 p 的水平上，$\widehat{MTE}(p, u)$ 随着 u 的增加而下降，这表明存在不可观测特征对职业培训项目的处理效应产生了影响；在给定 u 的水平上，$\widetilde{\mathrm{MTE}}(p,\ u)$ 随着 p 的增加而增加，这表明倾向得分更高的个体参加职业培训项目的处理效应更大。

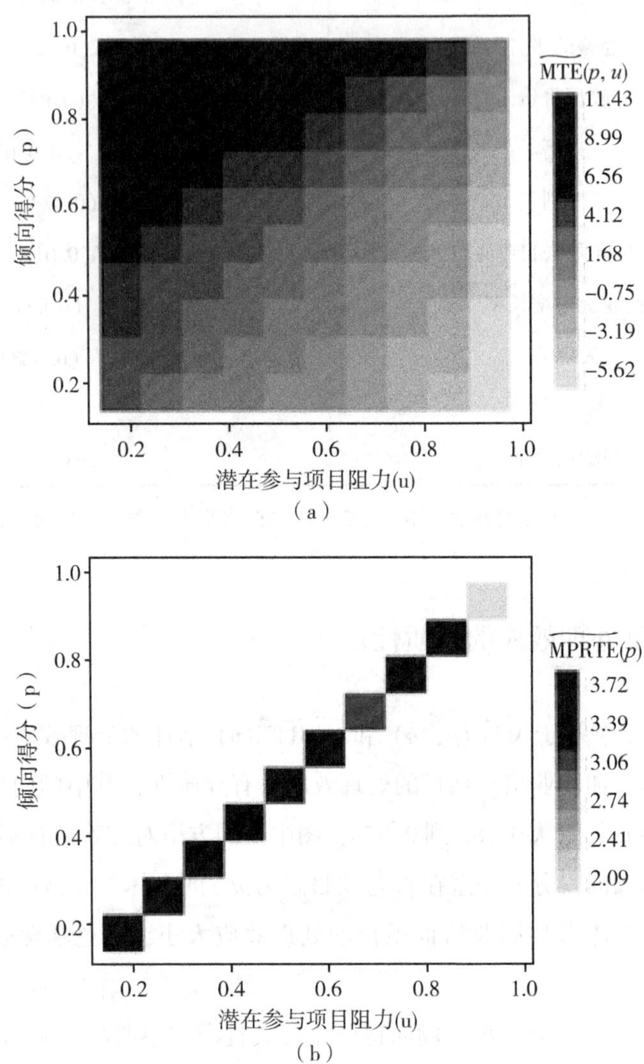

图 8-2　基于 $\widetilde{\mathrm{MTE}}(p,\ u)$ 和 $\widetilde{\mathrm{MPRTE}}(p)$ 的职业培训项目处理效应异质性

注：在图 8-2 中方格颜色越深，处理效应越大。

图 8-2(b)描绘了处于参加项目边界上的个体(即 $p=u$ 的个体)的处理效应。结果显示，$\widehat{\text{MPRTE}}(p)$ 随 p 的取值增加而减小，这表明根据可观测特征选择项目参与者，可能导致处理效应最大的个体最不可能参加职业培训项目。

三、参加职业培训项目的处理效应

表 8-3 中分别报告了参加职业培训项目对个体收入对数的平均处理效应(ATE)、处理组处理效应(ATT)和控制组处理效应(ATU)，作为对比，表 8-3 还展示了基于 OLS 估计和 IV 估计的结果①(Carneiro 等，2011)。表 8-3 的结果显示基于 $\text{MTE}(x, u)$ 和 $\widetilde{\text{MTE}}(p, u)$ 估计的 ATE 分别为 5.929 和 3.268，小于 ATT(分别为 9.455 和 4.811)，但是大于 ATU(分别为 1.967 和 1.727)。总而言之，两种估计方式下的结果均显示 ATT>ATE>ATU，说明处理组个体比控制组个体从参加职业培训项目中受益更多。图 8-3 中的结果进一步证实了这一结论，该图讨论了处理效应估计值和 p 值之间的关系。

具体而言，表 8-3 显示，基于 $\text{MTE}(x, u)$ 和 $\widetilde{\text{MTE}}(p, u)$ 的计算，就随机选择的失业者而言，参加职业培训项目的平均收益为 5.929(3.268)。该数值介于实际参与到职业培训项目的失业者平均收益 9.455(4.811)和从未参与到职业培训项目的失业者平均收益 1.967(1.727)之间。

表 8-3　参加职业培训项目的平均收益

各类处理效应参数与模型	基于 $\text{MTE}(x, u)$ 计算	基于 $\widetilde{\text{MTE}}(p, u)$ 计算
	(1)	(2)
ATE	5.929***(0.599)	3.268***(0.346)
ATT	9.455***(1.954)	4.811***(0.989)

① 对于 IV 方法，我们遵循 Carneiro 等(2011)的做法，使用 $\text{MTE}(x, u)$ 第一阶段估计的倾向得分作为工具变量。值得注意的是，在这种情况下，该方法估计的结果是完全遵守者(Compliers)的 ATE(Angrist 和 Imbens，1994)。

续表

各类处理效应参数与模型	基于 MTE(x, u) 计算	基于 $\widetilde{\text{MTE}}(p, u)$ 计算
	(1)	(2)
ATU	1.967(1.681)	1.727(1.485)
OLS 估计	0.117***(0.021)	—
IV 估计	2.372***(0.644)	—
观测值个数	1848	—

注：*、**、***分别表示在10%、5%、1%的水平上显著，括号内报告的是非参数自助法(nonparametric bootstrap)标准误(400次重复)。ATE为平均处理效应，ATT为处理组处理效应，ATU为控制组处理效应IV估计中的工具变量为倾向得分 $p(z)$，该方法实际上估计的是完全遵守者(Compliers)的ATE(Angrist 和 Imbens，1994)。

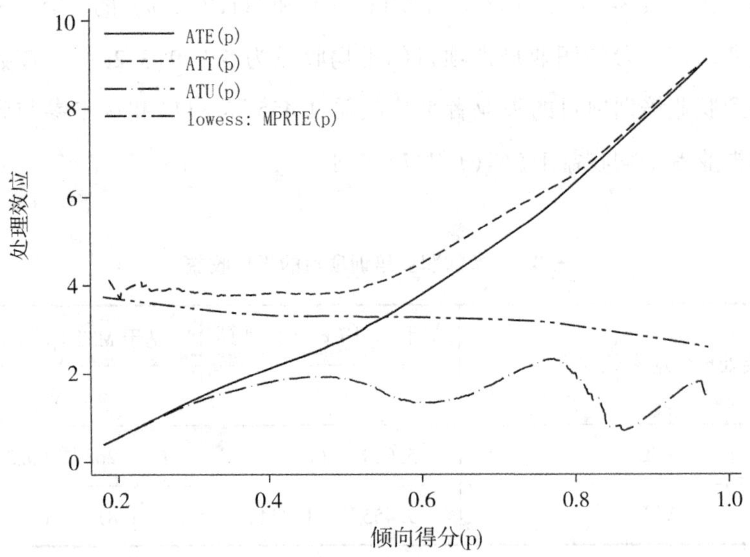

图 8-3　ATE、ATT、ATU 和$\widetilde{\text{MTE}}(p, u)$的估计结果

四、扩大职业培训项目的边际收益

由于使用 ATE、ATT 和 ATU 很难对政策扩面问题进行估计（Mogstad 和 Torgovitsky，2018），我们使用重新定义的 $\widetilde{\text{MPRTE}}(p)$ 估计扩大职业培训项目规模的边际收益。鉴于已有研究，倾向得分可以被视为个体参加项目意愿或禀赋水平（倾向得分越大意味着禀赋水平越高）的代表（Carneiro 等，2011；Zhou 和 Xie，2019a，2019b），本章针对不同禀赋水平的个体设计了四种不同的职业培训项目扩张方案。具体为：（A）让每一个处于参加项目边界上的个体都参加职业培训项目；（B）根据可观测特征，让处于参加项目边界上的个体中禀赋水平较高的个体参加职业培训项目；（C）根据可观测特征，让处于参加项目边界上的个体中禀赋水平较低的个体参加职业培训项目；（D）根据可观测特征，让处于参加项目边界上的个体中倾向得分小于 30%的个体参加职业培训项目。

基于不同职业培训项目扩张方案下的边际收益估计结果如表 8-4 所示。结果表明，按照方案 C 和方案 D 扩大职业培训项目的边际收益最大，分别为 4.066 和 3.621；按照方案 B 扩大职业培训项目的边际收益最小，为 3.249；按照方案 A 扩大职业培训项目的边际收益为 3.275。这意味着，如果职业培训项目在扩张过程中更倾向于选择禀赋水平较高的个体参加职业培训项目或者对于项目参与者不做任何筛选，可能导致扩大职业培训项目的边际收益比较小；如果职业培训项目在扩张过程中更倾向于选择禀赋水平较低的个体参加该项目，扩大职业培训项目的边际收益将会比较大。

表 8-4　扩大职业培训项目的边际收益的估计结果

估计方式	项目扩张方案	扩大职业培训项目的边际收益
基于式（8-4）估计的 $\widetilde{\text{MPRTE}}(p)$ ：		
$\lambda(p) = \alpha$	A	3.275（1.216）
$\lambda(p) = \alpha p$	B	3.249**（0.322）

续表

估计方式	项目扩张方案	扩大职业培训项目的边际收益
$\lambda(p)=\alpha(1-p)$	C	4.066**(0.635)
$\lambda(p)=\alpha I(p<0.30)$	D	3.621*(0.347)
观测值个数		1848

注：*、**、*** 分别表示在 10%、5%、1%的水平上显著，括号内报告的是非参数自助法(nonparametric bootstrap)标准误(400 次重复)。

对于 $\widehat{\text{MPRTE}}(p)$ ，表 8-4 表明，第三种(C)和第四种(D)扩大政策将导致最高的收益，而第二种扩大政策(B)将导致最低的收益。表 8-4 进一步表明，处于职业培训项目参与边缘的失业者(第一种扩大政策 A)的平均边际效益低于参与者(ATT)的平均效益(表 8-3 中第(2)列 ATT 的估计结果)。这一结果意味着政策制定者在使用平均估计值进行扩大积极就业政策决策时需要谨慎。同时，如果能在扩大积极就业政策时对倾向得分 p 更低的失业者家庭提供更多的经济支持，政策制定者将收获更高的预期收益。

五、哪些失业者从扩大规模的政策变化中受益最大

为确定哪些处于参与边缘的失业者在观察到的特征下会从基于 $\widehat{\text{MPRTE}}(p)$ 的四种扩大政策变化中受益最大，我们考察了不同扩张方案下个体在收入方面的处理效应、倾向得分 p 和参与项目潜在阻力 u 之间的关系。

图 8-4 表明，在扩张方案 A、C、D 下，倾向得分最低的个体(禀赋水平最低的个体)在职业培训项目规模扩大时获得的收益最高，表明在实践中如果针对这些个体扩大职业培训项目将导致项目扩张的边际效益最大。

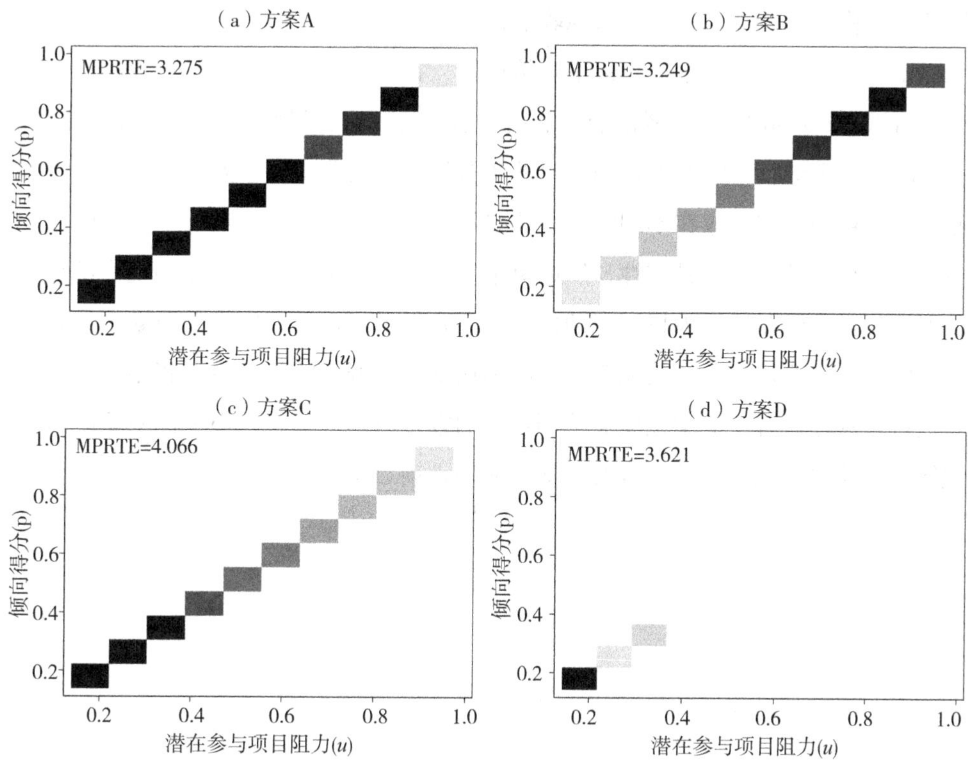

图 8-4 四种项目扩张方案下的 MPRTE(p)

第三节 本章小结

本章利用重新定义的 MTE 分析框架(Zhou 和 Xie，2019a，2019b)，研究了参加职业培训项目对失业者收入对数的处理效应和边际收益，还预测了在扩大该项目规模过程中获益最大的群体。研究结果表明，性别、受教育水平、工作经验、政治身份、户籍状况，所在地就业支出增长率和失业率，以及家庭其他成员总收入等特征会影响个体是否参加职业培训项目。在不可观测特征和禀赋水平方面不同的个体，其参与职业培训项目的处理效应和边际收益也存在差异。估计结果表明参加职业培训项目增加了个体的收入对数。另外，根据四种职业培训项目扩张方案的估计结果显示，在职业培训项目的扩张过程中选择禀赋水平较低的个体参加，将会导致项目扩张的边际收益比较大。

基于以上结论，本章提出以下政策启示。首先，本章研究揭示了我国职业培训项目可以提高我国劳动者的收入，并且发现扩大项目规模后依然存在边际收益，故在我国继续扩大职业培训项目的实施规模依然非常有必要。其次，由于职业培训项目的处理效应在不同特征个体之间具有异质性，意味着在项目扩张过程中依然存在处理效应的异质性，所以决策者在使用基于抽样调查或小规模试点的处理效应作为职业培训项目扩张的依据时需要谨慎。最后，应提升禀赋水平较低的个体参加职业培训项目的积极性，因为该部分人群能够从项目扩张中获得更多的收益。具体而言，应增强职业培训项目的宣传与推广，在培训期间对禀赋水平较低的个体提供经济补贴，以及增加职业培训项目预算资金。

第九章　结论与政策建议

积极就业政策自实施以来对象范围不断扩大，项目种类也不断增多，资金投入也不断加大，但是现有的一系列激励地方政府的措施均比较强调项目结果，这就导致政策实施过程中可能产生撇脂效应，进一步阻碍积极就业政策在实现更充分和更高质量就业方面的效果。本书分析了积极就业政策实施过程中撇脂效应的发生机理，测度了撇脂效应的程度及其影响，并通过反事实设计等方法探究了缓解撇脂效应的措施。

第一节　研究结论

本书结合委托代理理论、两期效用选择模型、最佳分配方式和目标定位系统，使用世界银行调查数据，基于反事实框架，考察了积极就业政策的不同项目实施情况及其在不同地区的实施状况，最终得到以下五点研究结论。

一、积极就业政策中的不同项目存在差异

首先，积极就业政策中各项目的参与者特征有相似之处。就性别而言，小额担保贷款项目参与者中的男性占比为53%，而职业介绍、职业培训、社会保险补贴和公益性岗位项目参与者中的男性占比均不到40%；就平均自评健康状况而言，社会保险补贴和公益性岗位项目参与者的状况较差；就平均受教育水平而言，职业介绍和小额担保贷款项目参与者的水平高于其他项目；就平均年龄而言，职业介绍和职业培训项目的参与者比小额担保贷款、社会保险补贴和公益性岗位项目的参与者更年轻。

其次，积极就业政策中各项目间的撇脂效应差异较大。小额担保贷款项目更倾向于选择项目结果较好的个体参加该项目，存在正向撇脂效应。这是由于小额担保贷款项目成本较高，并且对参与者的个人能力要求较高，政府倾向于选择能高效使用贷款的个体参加该项目。地方政府在实施职业培训、社会保险补贴和公益性岗位项目时，更倾向于选择项目结果较差的个体参加，存在负向撇脂效应。这是由于这些项目在颁布的时候针对的是更弱势的就业困难人群。

最后，积极就业政策中各项目在增加参与者收入方面的效果存在差异。小额担保贷款项目的效果最好，其项目效果是其他项目的4~6倍，其次是职业培训项目，效果最差的是社会保险补贴和公益性岗位项目。另外，在小额担保贷款和社会保险补贴项目中，越可能被选择参加项目的个体，其参加项目后收入提升越大；在职业培训和公益性岗位项目中，越可能被选择参加项目的个体，其参加项目后的收益越小。

二、积极就业政策在不同区域实施的过程中存在差异

首先，东部、中部和西部地区的参与者特征存在差异。东部地区地方政府更倾向于选择男性、受教育水平较高、工作经验较丰富和家庭负担较重的个体参加提高个人生产力项目；中部地区地方政府更倾向于选择农村户籍、共产党员身份、工作单位在地级市以下、工作经验较丰富和家庭负担较重的个体参加提高个人生产力项目；西部地区地方政府更倾向于选择少数民族、男性、农村户籍、工作单位在地级市以上和家庭负担较重的个体参加。

其次，项目效果具有异质性回报和区域异质性。我国积极就业政策中提高个人生产力项目结果越差的个体被选择参加项目的可能性越大，存在负向撇脂效应，且其不同程度地存在于东部、中部和西部地区。在东部、中部和西部地区，不同个体参加提高个人生产力项目后的回报存在差异性，拥有较好项目结果的个体，其参加项目的回报也越高。平均而言，各地区中，西部地区参与者参加提高个人生产力项目后的回报最大，其次是中部地区，东部地区的参与者的回报最小。

最后，撇脂效应在不同地区的影响不同。其中影响最大的是东部地区，如果让那些未被选择的个体参加提高个人生产力项目，其平均项目效果是真实情况下

平均项目效果的 7 倍。反事实分析显示，如果政策执行者随机选择参与者，会使提高个人生产力项目的平均项目效果得以提升，东部、中部和西部地区的平均项目效果将分别提升 100%、17%和 15%。

三、积极就业政策中不同项目的撇脂效应影响程度存在差异

首先，各项目的参与者在参与项目前的收入存在明显差异。小额担保贷款项目的参与者有 8%来自底层 25%的低收入人群，有 80%则来自顶层 25%的高收入人群。职业介绍、职业培训、社会保险补贴和公益性岗位项目的参与者大多来自底层 25%的低收入人群，来自顶层 25%的高收入人群占比为 5%至 20%。以上数据说明各项目的参与者在参与项目前的收入存在明显差异，小额担保贷款项目的参与者以高收入人群为主，其他项目的参与者以低收入人群为主。

其次，不同项目对收入流动性、收入不平等的影响，以及受撇脂效应影响均存在差异。其中，对收入流动性影响最大的项目是小额担保贷款项目；职业培训项目次之；社会保险补贴、职业介绍和公益性岗位项目对收入流动性的影响均较小。相对于参加项目前的收入不平等，参加项目后的收入不平等在项目内部有一定程度的减少，在项目间有一定程度的增加，从而使得参加项目后的总体收入不平等程度有所增加。职业培训项目的撇脂效应抑制了参与者的收入流动性；小额担保贷款项目的撇脂效应较弱；社会保险补贴和公益性岗位项目的撇脂效应促进了参与者的收入流动性。

最后，如果政府在选择参与者时随机选择或择优选择，将有利于促进参与者的收入流动性和提升整体平均收入水平。如果政府随机选择项目参与者，职业培训、小额担保贷款和公益性岗位项目时收入流动性的影响将会提升；并且在该选择机制下项目内部的收入不平等将会降低。如果政府择优选择项目参与者，则会降低项目内部收入不平等程度，从整体上提高参与者的平均收入水平。

四、积极就业政策规模扩大给不同群体带来的收益存在差异

首先，参与职业培训项目是由个体性别、受教育水平、工作经验、政治身份、户籍状况、所在地就业支出增长率和失业率，以及家庭其他成员总收入等资源禀赋驱动的。失业者的资源禀赋对参与职业培训项目的边际收益和平均收益有

不同的影响。参加职业培训项目(相比职业介绍项目)增加了失业者的收入对数。在推广职业培训项目的所有潜在政策选择中，根据观察到的特征，这些政策选择会倾向于最不可能参与的失业者。

其次，旨在提高城乡低能力失业者劳动生产力和工作收入的政策可以通过扩大职业培训项目规模来实现。尽管中国不同地区的劳动力市场具有异质性，意味着在扩大规模过程中政策效果的异质性。本书的研究结果表明，决策者使用基于抽样调查或小规模试点实行职业培训项目的数据进行效益评估，并以此作为是否扩大项目规模的依据时需要谨慎。

最后，职业培训项目的推广应该得到政策支持，以促进处于参与边缘的失业者参与到职业培训项目中。在职业培训项目中，有大量适合参加职业培训项目的人群被剔除在外，增加对职业培训项目的支持有利于提升这些人群的参与度。

五、积极就业政策中不同项目对参与者就业信心的影响存在差异

首先，职业培训项目参与者的选择过程属于“正选择”，那些更倾向于参加职业培训项目的失业者参加项目的可能性更大，但受微观特征因素与宏观经济环境因素影响，职业培训项目对参与者未来就业信心的提高具有显著的负向影响。

其次，小额担保贷款项目的参与者的选择过程属于“负选择”，即参与的可能性越高的群体在参与项目后并未得到更高的就业信心。小额担保贷款项目对提高未来就业信心有显著的正向影响，但是由于“负选择”的存在，以及政府为追求绩效目标而允许预期结果最好的人群参与，所以最倾向参与小额担保贷款项目的群体未能参与其中，也未实现最佳项目效果。

最后，职业培训项目的参与者就业信心程度普遍高于小额担保贷款项目参与者，但根据项目边际效果的分析结果来看，职业培训项目对参与者就业信心的提高作用远不如小额担保贷款项目；在纠正小额担保贷款项目的“负选择”后，小额担保贷款项目对失业者就业信心的提升效果将充分发挥出来。

第二节　政策建议

研究表明，在积极就业政策实施过程中，不同项目和不同地区的撇脂效应及

其对政策效果的影响存在差异。反事实分析结果显示，如果增加参与者选择的随机性(降低撇脂效应)将有助于提升政策效果；积极就业政策实施过程中不同项目的收入流动性存在差异，其中收入流动性最大的是小额担保贷款项目，其次是职业培训项目，其他项目的收入流动性均很小；积极就业政策实施过程中不同项目对参与者就业信心的影响也存在差异，小额担保贷款项目对参与者未来就业信心有显著的正向影响，职业培训项目对参与者未来就业信心有负向影响；在积极就业政策扩面(资金预算增加)过程中，如果忽略不可观测特征的影响将导致政府选择收益较小的参与者，而在扩面过程中收益最大的是资源禀赋较低的参与者。基于此，本书提出四点政策建议。

一、建立更加科学合理的绩效评估体系和激励机制

针对积极就业政策实施以项目结果为导向的问题，应调整用于评估绩效的措施，具体包括以下两个方面：第一，当前我国积极就业政策的绩效考核主要是就业数量等绝对指标，并且与地方政府的资金分配挂钩。这可能导致地方政府为求自身利益的最大化而忽略参与者参加项目的真实效果，因此应该建立“效果绩效”与“结果绩效”相结合的积极就业政策实施绩效考核方式。第二，现行积极就业项目中，虽然对每个项目符合参加条件的人群进行了界定，但是在考核和奖励措施上并没有体现对目标人群的政策倾向，这可能导致项目执行者按照自身利益最大化的方式执行项目。因此，建议为不同的服务对象分组，设定不同的考核和奖励标准。

二、实施更加符合地区和项目特征的政策落实办法

基于不同项目和不同地区实施效果差异得出以下两点政策启示：第一，针对不同项目选择合适的项目参与者，以降低撇脂效应和提高项目效率。具体而言，对于小额担保贷款项目来说，应当适当扩大项目的覆盖面；对于职业培训项目来说，应当适当促进项目结果较好的个体参加项目；对于社会保险补贴和公益性岗位项目来说，应当向就业困难者倾斜。第二，在不同地区应该针对积极就业政策需求的差异性，充分了解不同地区不同群体的需求状况。积极就业政策在帮助低收入者目标和提升政策效果目标相矛盾时，应根据当地的实际情况制定符合发展

要求的具体方向。比如在失业率较高的地区应以促进就业为主要目标，更多地帮助能力较差的个体就业；在失业率较低的地区应以增加项目效果为主要目标，在选择参与者时适当增加公平性以增强项目效果。

三、扩大小额担保贷款项目的覆盖面

“十四五”规划中指出要建立促进创业带动就业机制，创业往往需要资金支持。在本书研究的所有项目中，小额担保贷款项目是唯一聚焦“促创业”的项目，这就要求小额担保贷款的实施力度更大、覆盖面更广。研究表明，该项目的实施效果远高于其他项目，让那些没有参加该项目的个体参加进来，得到的项目效果也比较好，加大小额担保贷款项目实施力度和覆盖面并不会导致项目效果不显著。因此，应该鼓励更多符合要求的低收入水平人群参加该项目，从而大大增加收入流动性和降低收入不平等。

四、强化积极就业政策实施过程中项目参与者的主观效应评估

为实现“稳就业”，积极就业政策应重视对失业者就业信心的促进作用，激励失业者积极主动地谋求职业。据此提出以下几点政策建议：第一，政策实施应避免政策执行者为完全追求经济效益而出现“负选择”，适当关注如何恢复、调节和增强失业者就业信心，在考核机制中引入未来就业信心、公平感、满意度评分等评估指标。第二，优化项目参与的筛选机制，使政策项目覆盖目标人群，提高项目的实施效率与效果。第三，政府还应综合考虑宏观经济环境和对失业者就业信心的促进效果，在GDP增长较慢、就业支出增长较低、失业率较高的地区重点实施小额担保贷款项目，实现就业信心与经济发展之间的相互促进作用，进一步增强积极就业政策的有效性。

参考文献

[1]Alberto A, M D Cattaneo. Econometric Methods for Program Evaluation[J]. Annual Review of Economics, 2018, 10(1): 465-503.

[2]Abbring J H, Van den Berg G J. The Nonparametric Identification of Treatment Effects in Duration Models[J]. Econometrica, 2003, 71(5): 1491-1517.

[3]Allcott H. Site Selection Bias in Program Evaluation [J]. The Quarterly Journal of Economics, 2015, 130(3): 1117-1165.

[4]Altonji J G, Huang C I, Taber C R. Estimating the Cream Skimming Effect of School Choice[J]. Journal of Political Economy, 2015, 123(2): 266-324.

[5]Angrist J D, Pischke J S. Mostly Harmless Econometrics: An Empiricist's Companion [M]. Princeton: Princeton University Press, 2009.

[6]Athey S, Imbens G W. The State of Applied Econometrics: Causality and Policy Evaluation[J]. Journal of Economic Perspectives, 2017, 31(2): 3-32.

[7] Barnow B S, Smith J. Employment and Training Programs [M]//Economics of Means-Tested Transfer Programs in the United States, Volume 2. Chicago: University of Chicago Press, 2015: 127-234.

[8]Behaghel L, Crépon B, Gurgand M. Private and Public Provision of Counseling to Job Seekers: Evidence from a Large Controlled Experiment[J]. American Economic Journal: Applied Economics, 2014, 6(4): 142-174.

[9] Behaghel L, Crépon B. The Impact of Training on Unemployment Duration in France: Evidence from a Randomized Experiment[J]. Labour Economics, 2013, 24: 91-103.

[10]Berger M C, Black D, Smith J A. Evaluating Profiling as a Means of Allocating Government Services [M]//Econometric Evaluation of Active Labour Market Policies. Berlin: Physica-Verlag Heidelberg, 2001.

[11]Bernhard S, Hofmann B, Uhlendorff A. The Effects of Vocational Training Programmes on the Duration of Unemployment in Eastern Germany[J]. Empirical Economics, 2017, 52(2): 435-464.

[12]Bhagat S, Bolton B. Corporate Governance and Firm Performance[J]. Journal of Corporate Finance, 2008, 14(3): 257-273.

[13]Bidani B, Blunch N H, Goh C, et al. Evaluating Job Training in Two Chinese Cities[J]. Journal of Chinese Economic and Business Studies, 2009, 7(1): 77-94.

[14]Blache G. Active Labour Market Policies in Denmark: A Comparative Analysis of Post-program Effects[R]. Working Paper, 2011.

[15]Black D C, Galdo J, Smith J A. Evaluating the Regression Discontinuity Design Using Experimental Data [R]. Working Paper, 2007.

[16] Black S E, Lynch L M. What's Driving the New Economy?: The Benefits of Workplace Innovation[J]. The Economic Journal, 2004, 114(493): F97-F116.

[17]Black S E. Do Better Schools Matter? Parental Valuation of Elementary Education[J]. The Quarterly Journal of Economics, 1999, 114(2): 577-599.

[18] Bloom D. Transitional Jobs: Background, Program Models, and Evaluation Evidence[R]. New York: MDRC, 2010.

[19]Blundell R, Dias M C, Meghir C, et al. Evaluating the Employment Impact of a Mandatory Job Search Program [J]. Journal of the European Economic Association, 2004, 2(4): 569-606.

[20]Blundell R, Dias M C. Alternative Approaches to Evaluation in Empirical Microeconomics[J]. Journal of Human Resources, 2009, 44(3): 565-640.

[21]Boeri, T, Jimeno J F. The Unbearable Divergence of Unemployment in Europe [C]. CEP Discussion Paper No 1384. Centre for Economic Performance, London School of Economics, 2015.

[22]Boockmann B, Brändle T. Coaching, Counseling, Case-Working: Do They Help the Older Unemployed out of Benefit Receipt and Back into the Labor Market? [J]. German Economic Review, 2019, 20(4): e436-e468.

[23]Brand J E, Xie Y. Who Benefits Most from College? Evidence for Negative Selection in Heterogeneous Economic Returns to Higher Education[J]. American Sociological Review, 2010, 75(2): 273-302.

[24]Brinch C N, Mogstad M, Wiswall M. Beyond LATE with a Discrete Instrument [J]. Journal of Political Economy, 2017, 125(4): 985-1039.

[25]Brodaty T, Crépon B, Fougère D. Using Matching Estimators to Evaluate Alternative Youth Employment Programs: Evidence from France, 1986—1988[M]. Berlin: Physica-Verlag Heidelberg, 2001.

[26]Burger A, Kluve J, Vodopivec M, et al. A Comprehensive Impact Evaluation of Active Labour Market Programmes in Slovenia[J]. Empirical Economics, 2022, 62(6): 3015-3039.

[27]Burgess S, Propper C, Ratto M, et al. Incentives in the Public Sector: Evidence from a Government Agency[J]. Economic Journal, 2017, 127: F117-F141.

[28]Cahuc P, Le Barbanchon T. Labor Market Policy Evaluation in Equilibrium: Some Lessons of the Job Search and Matching Model[J]. Labour Economics, 2010, 17 (1): 196-205.

[29] Caliendo M, Hujer R, Thomsen S L. Individual Employment Effects of Job Creation Schemes in Germany with Respect to Sectoral Heterogeneity[R]. Woking Paper, 2005.

[30] Caliendo M, Mahlstedt R, Mitnik O A. Unobservable, but Unimportant? The Relevance of Usually Unobserved Variables for the Evaluation of Labor Market Policies[J]. Labour Economics, 2017, 46: 14-25.

[31]Caliendo M, Künn S. Start-up Subsidies for the Unemployed: Long-term Evidence and Effect Heterogeneity[J]. Journal of Public Economics, 2011, 95(3-4): 311-331.

[32] Calmfors L, Forslund A, Hemström M. The Effects of Active Labour Market

Policies in Sweden: What is the Evidence? [J]. Journal of European Economic Association, 2002, 1(4): 912-952.

[33] Card D, Kluve J, Weber A. Active Labour Market Policy Evaluations: A Meta-analysis[J]. The Economic Journal, 2010, 120(548): F452-F477.

[34] Card D, Kluve J, Weber A. What Works? A Meta Analysis of Recent Active Labor Market Program Evaluations[J]. Journal of the European Economic Association, 2018, 16(3): 894-931.

[35] Card D, Lee D S, Pei Z, et al. Inference on Causal Effects in a Generalized Regression Kink Design[J]. Econometrica, 2015, 83(6): 2453-2483.

[36] Carneiro P, Heckman J J, Vytlacil E J. Estimating Marginal Returns to Education [J]. American Economic Review, 2011, 101(6): 2754-2781.

[37] Cave G, Bos H, Doolittle F, Toussaint C. JOBSTART. Final Report on a Program for School Dropouts [R]. New York: MDRC, 1993.

[38] Chatri A, Hadef K, Samoudi N. Micro-econometric Evaluation of Subsidized Employment in Morocco: The Case of the "Idmaj" Program [J]. Journal for Labour Market Research, 2021, 55(1): 1-13.

[39] Chetty R. Sufficient Statistics for Welfare Analysis: A Bridge between Structural and Reduced-form Methods[J]. Annual Review of Economics, 2009, 1(1): 451-488.

[40] Chetty R, Friedman J N, Saez E, et al. Income Segregation and Intergenerational Mobility Across Colleges in the United States [J]. The Quarterly Journal of Economics, 2020, 135(3): 1567-1633.

[41] Committee N P, Peter A. Diamond, Dale T. Mortensen, Christopher A. Pissarides: Markets with Search Frictions [J]. Nobel Prize in Economics Documents, 2010.

[42] Courty P, Kim D H, Marschke G. Curbing Cream-skimming: Evidence on Enrolment Incentives[J]. Labour Economics, 2011, 18(5): 643-655.

[43] Crépon B, Van Den Berg G J. Active Labor Market Policies[J]. Annual Review of Economics, 2016, 8: 521-546.

[44]Cronert A. Unemployment Reduction or Labor Force Expansion? How Partisanship Matters for the Design of Active Labor Market Policy in Europe [J]. Socio-Economic Review, 2019, 17(4): 921-946.

[45] Davidson C, Woodbury S A. The Displacement Effect of Reemployment Bonus Programs[J]. Journal of Labor Economics, 1993, 11(4): 575-605.

[46]Davis S J, Haltiwanger J, Schuh S. Small Business and Job Creation: Dissecting the Myth and Reassessing the Facts[J]. Small Business Economics, 1996, 8: 297-315.

[47]Dehejia R. Practical Propensity Score Matching: A Reply to Smith and Todd[J]. Journal of Econometrics, 2005, 125(1-2): 355-364.

[48] Dolton P, O'Neill D. The Long-Run Effects of Unemployment Monitoring and Work-Search Programs: Experimental Evidence from the United Kingdom [J]. Journal of Labor Economics, 2002, 20(2): 381-403.

[49] Duclos J Y, Beaudry G. Impact of Employment Assistance Services on the Re-employment of Older Unemployed Workers [J]. Canadian Journal on Aging/La Revue Canadienne Du Vieillissement, 2016, 35(3): 347-359.

[50]Eichhorst W, Konle-Seidl R, Thode E. A Road to Nowhere? The Impact of the Hartz Reforms on Germany's Post-unification Economic Performance[J]. Applied Economics Quarterly, 2011, 57(2): 119-152.

[51] Eissa N, Liebman J B. Labor Supply Response to the Earned Income Tax Credit[J]. The Quarterly Journal of Economics, 1996, 111(2): 605-637.

[52]Emmert M, Meszmer N, Jablonski L, et al. Public Release of Hospital Quality Data for Referral Practices in Germany: Results from a Cluster-randomised Controlled Trial[J]. Health Economics Review, 2017, 7: 1-11.

[53]Engemann K, Wall H J. A Disaggregated Analysis of the Tax Base Response to State and Local Incentives[J]. Regional Science and Urban Economics, 2009, 39(6): 721-731.

[54]Ferracci M, Jolivet G, Van den Berg G J. Evidence of Treatment Spillovers within Markets[J]. Review of Economics and Statistics, 2014, 96(5): 812-823.

[55] Forslund A, Johansson P, Lindqvist L. Employment Subsidies-A fast Lane from Unemployment to Work? [R]. Working Paper, 2004.

[56] Fraser N. How Strong is the Case for Targeting Active Labour Market Policies? A Review of Efficiency and Equity Arguments [J]. International Journal of Manpower, 1999, 20(3/4): 151-164.

[57] Fredriksson D. Moving Targets: Target Groups of Active Labour Market Policies and Transitions to Employment in Europe [J]. International Journal of Social Welfare, 2020, 29(3): 270-284. t

[58] Björklund A, Melissa A. Clark, Edin P A, Fredriksson P, Krueger A. The Market comes to Education — An Evaluation of Sweden's Surprising School Reforms [M]. New York, Russell Sage Foundation, 2005.

[59] Friedlander D, Robins P K. The Distributional Impacts of Social Programs [J]. Evaluation Review, 1997, 21(5): 531-553.

[60] Frölich M, Lechner M. Exploiting Regional Treatment Intensity for the Evaluation of Labor Market Policies [J]. Journal of the American Statistical Association, 2010, 105(491): 1014-1029.

[61] Ganimian A J, Murnane R J. Improving Education in Developing Countries: Lessons from Rigorous Impact Evaluations [J]. Review of Educational Research, 2016, 86(3): 719-755.

[62] Gao J. Mitigating Pernicious Gaming in Performance Management in China: Dilemmas, Strategies and Challenges [J]. Public Performance & Management Review, 2021, 44(2): 321-351.

[63] Garrels V, Sigstad H M H. Employment for Persons with Intellectual Disability in the Nordic Countries: A Scoping Review [J]. Journal of Applied Research in Intellectual Disabilities, 2021, 34(4): 993-1007.

[64] Gerfin M, Lechner M. A Microeconometric Evaluation of the Active Labour Market Policy in Switzerland [J]. The Economic Journal, 2002, 112(482): 854-893.

[65] Gerrish E. The Impact of Performance Management on Performance in Public Organizations: A Meta-analysis [J]. Public Administration Review, 2016, 76(1):

48-66.

[66] Gong J, Lu Y, Xie H. The Average and Distributional Effects of Teenage Adversity on long-Term Health[J]. Journal of Health Economics, 2020, 71: 102288.

[67] Gregory C A, Deb P. Does SNAP Improve Your Health? [J]. Food Policy, 2015, 50: 11-19.

[68] Hahn J, Todd P, Van der Klaauw W. Identification and Estimation of Treatment Effects with a Regression-discontinuity Design[J]. Econometrica, 2001, 69(1): 201-209.

[69] Ham J C, LaLonde R J. The Effect of Sample Selection and Initial Conditions in Duration Models: Evidence from Experimental Data on Training [J]. Econometrica: Journal of the Econometric Society, 1996, 64, 175-205.

[70] Hämäläinen K, Ollikainen V. Differential Effects of Active Labour Market Programmes in the Early Stages of Young People's Unemployment[M]. Helsinki, Valtion Taloudellinen Tutkimuskeskus, 2004.

[71] Han X, Ma L, Perry J. Does Employee Pay Variation Increase Government Performance? Evidence From a Cross-National Analysis [J]. Review of Public Personnel Administration, 2023: 0734371X221141988.

[72] Handler J F. Welfare, Workfare, and Citizenship in the Developed World[J]. Annual Review of Law and Social Science, 2009, 5: 71-90.

[73] Heckman J J, Humphries J E, Veramendi G. The Nonmarket Benefits of Education and Ability[J]. Journal of Human Capital, 2018, 12(2): 282-304.

[74] Heckman J, Navarro-Lozano S. Using Matching, Instrumental Variables, and Control Functions to Estimate Economic Choice Models[J]. Review of Economics and statistics, 2004, 86(1): 30-57.

[75] Heckman J J, Smith J, Clements N. Making the Most Out of Programme Evaluations and Social Experiments: Accounting for Heterogeneity in Programme Impacts[J]. The Review of Economic Studies, 1997, 64(4): 487-535.

[76] Heckman J J, LaLonde R J, Smith J A. The Economics and Econometrics of Active Labor Market Programs[J]. Handbook of Labor Economics, 1999, Volume

3: 1865-2097.

[77]Heckman J J, Leamer E E. Handbook of Econometrics[M]. Netherlands, North-Holland, 2007.

[78] Heckman J J, Urzua S, Vytlacil E. Understanding Instrumental Variables in Models with Essential Heterogeneity[J]. Review of Economics and Statistics, 2006, 88 (3): 389-432.

[79]Heckman J J, Vytlacil E J. Local Instrumental Variables and Latent Variable Models for Identifying and Bounding Treatment Effects[J]. Proceedings of the National Academy of Sciences of the United States of America, 1999, 96 (8): 4730-4.

[80]Heckman J J, Vytlacil E J. Econometric Evaluation of Social Programs, Part II: Using the Marginal Treatment Effect to Organize Alternative Econometric Estimators to Evaluate Social Programs, and to Forecast Their Effects in New Environments[J]. Handbook of Econometrics, 2007, 6: 4875-5143.

[81] Heckman J J, Vytlacil E. Structural Equations, Treatment Effects, and Econometric Policy Evaluation[J]. Econometrica, 2005, 73 (3): 669-738.

[82]Heckman J J. Microdata, Heterogeneity and the Evaluation of Public Policy[J]. American Economist, 2005, 49(1): 16-44.

[83] Heckman J J. Building Bridges Between Structural and Program Evaluation Approaches to Evaluating Policy[J]. Journal of Economic Literature, 2010, 48 (2): 356-398.

[84]Heckman J, Urzua S, Vytlacil E. Estimation of Treatment Effects under Essential Heterogeneity[J]. Health Affairs (Project Hope), 2006, 29(3): 389-432.

[85]Heckman J J, Heinrich C, Smith J. The Performance of Performance Standards [M]. Kalamazoo: Upjohn Pres, 2011: 65-123.

[86]Heckman J J, Heinrich C, Smith J. The Performance of Performance Standards [J]. The Journal of Human Resources, 2002, 37(4): 778-811.

[87]Heckman J, Urzua S, Vytlacil E. Estimation of Treatment Effects under Essential Heterogeneity[J]. Health Affairs (Project Hope), 2006, 29(3): 389-432.

[88]Heinrich C J, Camacho S, Henderson S C, et al. Consequences of Administrative Burden for Social Safety Nets that Support the Healthy Development of Children[J]. Journal of Policy Analysis and Management, 2022, 41(1): 11-44.

[89]Heinrich C J, Kabourek S E. Pay-for-Success Development in the United States: Feasible or Failing to Launch? [J]. Public Administration Review, 2019, 79(12): 867-879.

[90]Heinrich C J, Marschke G. Incentives and Their Dynamics in Public Sector Performance Management Systems [J]. Journal of Policy Analysis and Management, 2010, 29(1): 183-208.

[91]Heinrich C J. False or Fitting Recognition? The Use of High Performance Bonuses in Motivating Organizational Achievements [J]. Journal of Policy Analysis and Management, 2007, 26(2): 281-304.

[92]Hirshleifer S, McKenzie D, Almeida R, et al. The Impact of Vocational Training for the Unemployed: Experimental Evidence from Turkey [J]. The Economic Journal, 2016, 126(597): 2115-2146.

[93]Ho D E, Sherman S. Managing Street-Level Arbitrariness: The Evidence Base for Public Sector Quality Improvement[J]. Annual Review of Law & Social Science, 2017, 13(1): 1-22.

[94]Hofmann B, Müller K. Evaluating Active Labor Market Policies: A Case Study of the Job Opportunity and Basic Skills Program in Germany[J]. Journal of Labor Research, 2018, 39(3): 295-315.

[95]Hungerford T L. How Income Mobility Affects Income Inequality: US Evidence in the 1980s and the 1990s[J]. Journal of Income Distribution, 2011, 20(1): 117-126.

[96]Imbens G W, Angrist J D. Identification and Estimation of Local Average Treatment Effects[J]. Econometrica, 1994, 62 (2): 467.

[97]Imbens G W, Lemieux T. Regression Discontinuity Designs: A Guide to Practice [J]. Journal of Econometrics, 2008, 142(2): 615-635.

[98]Islam A, Maitra C, Pakrashi D, et al. Microcredit Programme Participation and

Household Food Security in Rural Bangladesh [J]. Journal of Agricultural Economics, 2016, 67(2): 448-470.

[99] Jan-Erik L. Public Sector, Information and Incentives [J]. Journal of Economic and Social Thought, 2019, 6(4): 243-251.

[100] Jaumotte M F, Osorio M C. Inequality and Labor Market Institutions [M]. Washington: International Monetary Fund, 2015.

[101] Jensen M C, Meckling W H. Theory of the Firm: Managerial Behavior, Agency Costs and Ownership Structure [J]. Journal of Financial Economics, 1976, 3 (4): 305-360.

[102] Jia J, Ding S, Liu Y. Decentralization, Incentives, and Local Tax Enforcement [J]. Journal of Urban Economics, 2020, 115: 103225.

[103] Kasdin S, Barnow B, Newcomer K. Getting Performance from Performance Management: A Framework for Strategic Management Choices [J]. International Journal of Public Administration, 2018, 41 (15): 1228-1242.

[104] Kelchen R. Do Performance-Based Funding Policies Affect Underrepresented Student Enrollment? [J]. The Journal of Higher Education, 2018, 89 (5): 702-727.

[105] Khajehnejad S, Linder S. Why the Type of Information Observable to Peers Matters: Peer Monitoring and Performance Measure Manipulation [J]. Management Accounting Research, 2022, 57: 100815.

[106] Kim W, Min S. The Effects of Funding Policy Change on the Scientific Performance of Government Research Institutes [J]. Asian Journal of Technology Innovation, 2020, 28(2): 272-283.

[107] Kluve J. The Effectiveness of European Active Labor Market Programs [J]. Labour Economics, 2010, 17(6): 904-918.

[108] Kluve J, Tamm M, Wießner F. Do Start-Up Subsidies for the Unemployed Affect Participants' Well-Being? A Detailed Account of a Randomized Field Experiment [J]. Labour Economics, 2017, 45, 116-130.

[109] Koning P, Heinrich C J. Cream-skimming, Parking and Other Intended and

Unintended Effects of High-Powered, Performance-Based Contracts[J]. Journal of Policy Analysis and Management, 2013, 32(3): 461-483.

[110]Konstantinou P, Tagkalakis A. Boosting Confidence: Is There a Role for Fiscal Policy? [J]. Economic Modelling, 2011, 28(4): 1629-1641.

[111] Kowalski A E. Doing More when You're Running Late: Applying Marginal Treatment Effect Methods to Examine Treatment Effect Heterogeneity in Experiments[R]. NBER Working Paper, 2016.

[112] Lal A, Lockhart M, Xu Y, et al. How Much Should we Trust Instrumental Variable Estimates in Political Science? Practical Advice Based on Over 60 Replicated Studies[J]. arXiv preprint arXiv: 2303. 11399, 2023.

[113]LaLonde R J. Evaluating the Econometric Evaluations of Training Programs with Experimental Data[J]. The American Economic Review, 1986: 604-620.

[114]Lammers M, Kok L. Are Active Labor Market Policies (Cost-) Effective in the Long Run? Evidence from the Netherlands[J]. Empirical Economics, 2021, 60(4): 1719-1746.

[115]Lechner M, Wunsch C. Are Training Programs More Effective when Unemployment is High? [J]. Journal of Labor Economics, 2009, 27(4): 653-692.

[116]Lee D S, Lemieux T. Regression Discontinuity Designs in Economics[J]. Journal of Economic Literature, 2010, 48(2): 281-355.

[117] Lee H, Munk T. Using Regression Discontinuity Design for Program Evaluation [C]//Proceedings of the 2008 Joint Statistical Meeting. Alexandria, VA: American Statistical Association, 2008: 3-7.

[118]Levy Yeyati E, Montané M, Sartorio L. What Works for Active Labor Market Policies? [R]. CID Working Paper Series, 2019.

[119]Li B, Tang S Y, Wang F, et al. Policy Implementation Through Performance Measurement: A Study of Water Pollution Remediation in China's Huai River Basin[J]. Review of Policy Research, 2022.

[120] Linden A, Yarnold P R. Combining Machine Learning and Propensity Score Weighting to Estimate Causal Effects in Multivalued Treatments[J]. Journal of

Evaluation in Clinical Practice, 2016, 22(6): 875-885.

[121]Lise J, Seitz S, Smith J. Evaluating Search and Matching Models Using Experimental Data[J]. IZA Journal of Labor Economics, 2015, 4: 1-35.

[122]Lu E Y, Mohr Z, Ho A T K. Taking stock: Assessing and Improving Performance Budgeting Theory and Practice [J]. Public Performance & Management Review, 2015, 38(3): 426-458.

[123]Lu J. The Performance of Performance-based Contracting in Human Services: A Quasi-Experiment[J]. Journal of Public Administration Research and Theory, 2016, 26(2): 277-293.

[124]Manski C F. Studying Treatment Response to Inform Treatment Choice[M]. Berlin: Physica, Heidelberg, 2003.

[125]Manski C F. Designing Programs for Heterogeneous Populations: The Value of Covariate Information[J]. American Economic Review, 2001, 91(2): 103-106.

[126]Manski C F. Monotone Treatment Response[J]. Econometrica: Journal of the Econometric Society, 1997: 1311-1334.

[127]Martin J. What Works Among Active Labour Market Policies: Evidence from OECD Countries' Experience25[J]. Policies Towards Full Employment, 2000: 191.

[128]Mauro S G, Cinquini L, Grossi G. Insights into Performance-Based Budgeting in the Public Sector: A Literature Review and a Research Agenda[J]. Public Management Review, 2017, 19 (7): 911-931.

[129]McDavid J C, Huse I, Hawthorn L R L. Program Evaluation and Performance Measurement: An Introduction to Practice[M]. London: SAGE Publications, Inc., 2018.

[130]McKernan S M. The Impact of Microcredit Programs on Self-Employment Profits: Do Noncredit Program Aspects Matter? [J]. Review of Economics and Statistics, 2002, 84(1): 93-115.

[131]Meyer B D. Lessons from the US Unemployment Insurance Experiments[J]. Journal of Economic Literature, 1995, 33(1): 91-131.

[132] Michalopoulos C, Robins P K, Card D. When Financial Work Incentives Pay for Themselves: Evidence from a Randomized Social Experiment for Welfare Recipients[J]. Journal of Public Economics, 2005, 89(1): 5-29.

[133] Mogstad M, Santos A, Torgovitsky A. Using Instrumental Variables for Inference About Policy Relevant Treatment Parameters[J]. Econometrica, 2018, 86: 1589-1619.

[134] Morel C M, Lindahl O, Harbarth S, et al. Industry incentives and Antibiotic Resistance: An Introduction to the Antibiotic Susceptibility Bonus[J]. The Journal of Antibiotics, 2020, 73 (7): 421-428.

[135] Negoita M. Beyond Performance Management: A Networked Production Model of Public Service Delivery[J]. Public Performance & Management Review, 2018, 41 (2): 253-276.

[136] Nordlund M, Bonfanti S, Strandh M. Second Chance Education Matters! Income Trajectories of Poorly Educated Non-Nordics in Sweden[J]. Journal of Education and Work, 2015, 28(5): 528-550.

[137] Nordlund M. Who are the Lucky Ones? Heterogeneity in Active Labour Market Policy Outcomes[J]. International Journal of Social Welfare, 2011, 20(2): 144-155.

[138] O'connell P J, Mcginnity F. Working Schemes?: Active Labour Market Policy in Ireland[M]. London: Routledge, 2019.

[139] OECD. OECD Employment Outlook 2017[R]. Paris: OECD Publishing, 2017.

[140] OECD. OECD Employment Outlook 2019[R]. Paris: OECD Publishing, 2019.

[141] O'Leary, D. E. Enterprise Knowledge Management[J]. Computer, 1998, 31 (3): 54-61.

[142] Ortagus, J. C., Kelchen, R., Rosinger, K., Voorhees, N. Performance-Based Funding in American Higher Education: A Systematic Synthesis of the Intended and Unintended Consequences[J]. Educational Evaluation and Policy Analysis, 2022, 42(4): 520-550.

[143] Pedro, Carneiro, Michael, et al. Average and Marginal Returns to Upper

Secondary Schooling in Indonesia[J]. Journal of Applied Econometrics, 2016, 32 (1): 55-68.

[144]Pekkala Kerr, S., Kerr, W. R. Global talent flows. Journal of Economic Perspectives, 2018, 32(4): 95-118.

[145]Pirinsky C. Confidence and Economic Attitudes [J]. Journal of Economic Behavior & Organization, 2013, 91(4): 139-158.

[146]Pitt M M, Khandker S R. The Impact of Group-Based Credit Programs on Poor Households in Bangladesh: Does the Gender of Participants Matter? [J]. Journal of Political Economy, 1998, 106(5): 958.

[147]Raphael S, Winter-Ebmer R. Identifying the Effect of Unemployment on Crime[J]. The Journal of Law and Economics, 2001, 44(1): 259-283.

[148] Riphahn R T, Thalmaier A, Zimmermann K F. The Employment Effect of Reforming a Public Employment Agency[J]. Labour Economics, 2013, 21(2), 17-30.

[149]Rodríguez-Planas N, Jacob B. Evaluating Active Labor Market Programs in Romania [J]. Empirical Economics, 2010, 38(1), 65-84.

[150] Rubin D B. Assignment to Treatment Group on the Basis of a Covariate[J]. Journal of Educational Statistics, 1977, 2(1): 1-26.

[151] Scarano G. Outcome-based Contracting and Gaming Practices in Marketised Public Employment Services. Dilemmas from the Italian case [J]. Journal of Social Policy, 2023: 1-19.

[152]Schochet P Z, Burghardt J A, McConnell S M. National Job Corps Study and Longer-Term Follow-Up Study: Impact and Benefit-Cost Findings Using Survey and Summary Earnings Records Data [M]. Princeton: Mathematica Policy Research, 2006.

[153]Schoeni R F, Blank R M. What has Welfare Reform Accomplished? Impacts on Welfare Participation, Employment, Income, Poverty, and Family Structure [R]. NBER Working Paper, 2000.

[154]Semykina A, Wooldridge J M. Estimating Panel Data Models in the Presence of

Endogeneity and Selection[J]. Journal of Econometrics, 2010, 157(2): 375-380.

[155] Shipman J E, Swanquist Q T, Whited R L. Propensity Score Matching in Accounting Research[J]. The Accounting Review, 2017, 92(1): 213-244.

[156]Siverbo S, Cäker M, Åkesson J. Conceptualizing Dysfunctional Consequences of Performance Measurement in the Public Sector[J]. Public Management Review, 2019, 21(12): 1801-1823.

[157]Skedinger P, Widerstedt B. Cream Skimming in Employment Programmes for the Disabled? Evidence from Sweden [J]. International Journal of Manpower, 2007, 28(8): 694-714.

[158]Smith M, Bititci U S. Interplay between Performance Measurement and Management, Employee Engagement and Performance[J]. International Journal of Operations & Production Management, 2017, 37 (9): 1207-1228.

[159] Stephan G, Pahnke A. The Relative Effectiveness of Selected Active Labor Market Programs: An Empirical Investigation for Germany[J]. The Manchester School, 2011, 79(6), 1262-1293.

[160]Taylor J. Public Officials' Gaming of Performance Measures and Targets: The Nexus between Motivation and Opportunity [J]. Public Performance & Management Review, 2021, 44 (2): 272-293.

[161]Terman J N. Promising Performance: The Overestimation and Underestimation of Performance Targets[J]. International Journal of Public Administration, 2019, 42 (2): 93-107.

[162]Thistlethwaite D L, Campbell D T. Regression-discontinuity Analysis: An Alternative to the Ex Post Facto Experiment [J]. Journal of Educational Psychology, 1960, 51(6): 309.

[163]Topel R. Labor Markets and Economic Growth [J]. Handbook of Labor Economics, 1999, 3: 2943-2984.

[164]Van den Berg G J, Vikström J. Monitoring Job Offer Decisions, Punishments, Exit to Work, and Job Quality[J]. The Scandinavian Journal of Economics,

2014, 116(2): 284-334.

[165] Vooren M, Haelermans C, Groot W, et al. The Effectiveness of Active Labor Market Policies: A Meta-Analysis[J]. Journal of Economic Surveys, 2019, 33(1): 125-149.

[166] Wald A., Statistical Decision Functions[J]. Journal of the Royal Statistical Society, 1950, 46(253): 165-205.

[167] Wandner S. Targeting Employment Services under the Workforce Investment Act[J]. Targeting Employment Services, Kalamazoo, Michigan: WE Upjohn Institute, 2002, 112(1): 1-25.

[168] Wang W. How Does Performance Management Affect Social Equity? Evidence from New York City Public Schools[J]. Public Administration Review, 2022, 22(3): 1-14.

[169] Wong V C, Steiner P M, Cook T D. Analyzing Regression-Discontinuity Designs with Multiple Assignment Variables: A Comparative Study of Four Estimation Methods[J]. Journal of Educational and Behavioral Statistics, 2013, 38(2): 107-141.

[170] Wunsch C, Lechner M. What Did All the Money Do? On the General Ineffectiveness of Recent West German Labour Market Programmes[J]. Kyklos, 2008, 61(1), 134-174.

[171] Xie Y, Brand J E, Jann B. Estimating Heterogeneous Treatment Effects with Observational Data. [J]. Sociol Methodol, 2012, 42(1): 314-347.

[172] Yilmaz I O, Yilmaz G. The Impact of Active Labour Market Policies on Employment: A Literature Review[J]. Journal of Economics and Political Economy, 2018, 5(3) : 339-352.

[173] Zhou X, Xie Y. Heterogeneous Treatment Effects in the Presence of Self-Selection: A Propensity Score Perspective[J]. Sociological Methodology, 2019, 50 (1): 350-385.

[174] Zhou X, Xie Y. Marginal Treatment Effects from a Propensity Score Perspective[J]. Journal of Political Economy, 2019, 127 (6): 3070-3084.

[175] Zumaeta J N. An Econometric Analysis of the Effects of the Job Training Partnership Act on Self-Sufficiency[J]. The Journal of Social Sciences Research, 2021, 7 (2): 66-74.

[176]曹静晖，刘娟，胡伶俐. 地方官员任期制的执行困境及其治理路径[J]. 华南理工大学学报(社会科学版)，2018，20(3)：92-99，128.

[177]陈晶，袁文萍，冯廷勇，等. 决策信心的认知机制与神经基础[J]. 心理科学进展，2010，18(4)：630-638.

[178]陈林，伍海军. 国内双重差分法的研究现状与潜在问题[J]. 数量经济技术经济研究，2015(7)：133-148.

[179]陈耀波. 培训前工资、劳动者能力自我筛选与农村劳动力培训结果：浙江农村劳动力培训计划的一项试点调查研究[J]. 世界经济文汇，2009(3)：1-21.

[180]赖德胜，李长安. 创业带动就业的效应分析及政策选择[J]. 经济学动态，2009(2)：83-87.

[181]李静，谢丽君，李红. 农民培训工程的政策效果评估——基于宁夏农户固定观察点数据的实证检验[J]. 农业技术经济，2013(3)：26-35.

[182]李锐，黄金鹏. 市场“效率”与政府“公平”的协同——基于积极劳动力市场项目第三方评估机制研究[J]. 财贸经济，2015(3)：150-160.

[183]李锐，熊晓涵. 积极就业政策如何影响就业信心？——基于世界银行调查数据的实证研究[J]. 中南财经政法大学学报，2020(1)：46-57，159.

[184]李锐，张甦，袁军. 积极就业政策中的政府选择与撇脂效应[J]. 人口与经济，2018(4)：38-47.

[185]李锐，常然君. 满意度评估导向的就业政策资源优化配置研究——结合宏微观信息的多项目实证分析[J]. 世界经济文汇，2016(5)：1-16.

[186]李锐，黄金鹏，赵曼. 市场“效率”与政府“公平”的协同——基于积极劳动力市场项目第三方评估机制研究[J]，财贸经济，2015(3)：150-161.

[187]李锐. 积极就业政策绩效评估——以小额担保贷款项目为例[J]. 财政研究，2010(12)：33-34.

[188]李锐. 就业促进政策绩效评估与组合优化研究[M]. 武汉：武汉大学出版

社，2018.

[189]李伟. 坚持专业性、科学性和开放性理念实现政策评估的客观、公正与准确[J]. 管理世界，2015(8)：1-4

[190]李小琴，王晓星. 子女随迁对流动人口创业的影响[J]. 中国经济问题，2020(4)：90-103.

[191]李永友. 市场主体信心与财政乘数效应的非线性特征——基于SVAR模型的反事实分析[J]. 管理世界，2012(1)：46-58.

[192]秦川. 基于双重差分法的小额担保贷款收入效应研究[J]. 金融与经济，2010(9)：23-25.

[193]宋月萍，张涵爱. 应授人以何渔？——农民工职业培训与工资获得的实证分析[J]. 人口与经济，2015(1)：81-90.

[194]王海港，黄少安，李琴. 职业技能培训对农村居民非农收入的影响[J]. 经济研究，2009(9)：128-139.

[195]赵静. 失业保险与就业促进——基于基金支出范围视角的双重差分法分析[J]. 中国经济问题，2014(1)：81-90.

[196]赵曼，李锐，喻良涛. 绩效评估中的模型选择：问题与解决方法[J]. 数量经济技术经济研究，2010(1)：129-139.

[197]赵忠. 勤工助学对毕业生收入的影响[J]. 经济学(季刊)，2003(2)：731-756.